Sandra Kroll-Gabriel

Konzentrationstraining für die Grundschule

1.– 4. Schuljahr

Oldenbourg

Inhaltsverzeichnis

A) Einführung

B) Training

C) Fördermaterial

D) Kinder mit Konzentrationsschwierigkeiten unterrichten

A) Einführung

1. Konzentration und Aufmerksamkeit

„Jetzt konzentriere dich doch!“ Diesen Satz hören konzentrationsschwache Kinder nicht nur einmal täglich aus dem Mund der Eltern und Lehrer*. Gerade in einer reizüberfluteten Welt fällt es Kindern immer schwerer, sich zielgerichtet einer Aufgabe zu widmen. Konzentrationsprobleme sind somit ein Kennzeichen unserer Zeit. Aber was genau ist nun Konzentration?
Konzentration ist als Fähigkeit zu verstehen, die eigene Aufmerksamkeit zielgerichtet über einen begrenzten Zeitraum hinweg auf einen bestimmten Reiz zu richten.
Aufmerksamkeit und Konzentration (engl. Attention) sind hypothetische Konstrukte, die einerseits eine unmittelbare Evidenz haben, andererseits sich einer stringenten Bestimmung zu entziehen scheinen.[1]
Die Abgrenzung der beiden Bereiche ist problematisch. Aufmerksamkeit charakterisiert sich durch Selektion. Das heißt, aus der Flut an Reizen werden einige – zur weiteren Bearbeitung – Wichtige ausgewählt und andere gleichzeitig übergangen. Die Strukturierung des Wahrnehmungsfeldes spielt neben der Selektionsfunktion eine wichtige Rolle.[2]
Die Konzentrationsfähigkeit ist somit eine Steigerung der Aufmerksamkeitsleistung und wird durch weitere folgende Kriterien definiert:

Intentionalität:
Konzentration charakterisiert sich durch die intentionale, nicht automatische Zuwendung auf einen Reiz. Ein Kind wird zum Beispiel auf ein Geräusch aufmerksam, das heißt aber nicht, dass es sich automatisch darauf konzentriert.

Integration:
Auf einen Reiz folgt nicht nur eine automatisierte Reaktion, sondern es findet eine kontrollierte Verarbeitung statt. Fordern Sie ein Kind auf, eine Rechenaufgabe zu lösen, so wird es im kleinen Zahlenraum das Ergebnis automatisch abrufen. Eine Verarbeitung, die Konzentration erfordert, ist dabei nicht notwendig.

Beanspruchung energetischer Ressourcen:
Konzentriertes Arbeiten wird als subjektiv unterschiedlich anstrengend erlebt. Deshalb ist die Fähigkeit, die Konzentration bezüglich der eigenen Ressourcen über einen längeren Zeitraum aufrecht zu erhalten, von Kind zu Kind verschieden.

Abschirmung:
Das Zielverhalten wird gegenüber möglichen Ablenkungen abgeschirmt. Sie erlauben den Schülern zum Beispiel nach dem Abschreiben des Hefteintrages, ein Bild dazu zu malen. Dieser Reiz ist deutlich attraktiver und erschwert die Konzentration auf die eigentliche Schreibaufgabe.

In diesem Zusammenhang wird oft von AD(H)S oder ADS gesprochen. Konzentrationsschwierigkeiten sind ein Symptom des Aufmerksamkeitsdefizitsyndroms. Das heißt, nicht jedes Kind mit Konzentrationsschwierigkeiten zeigt automatisch die psychische Störung AD(H)S. Allerdings können die Symptome darauf hindeuten und müssen gegebenenfalls von einem Facharzt untersucht werden.

2. Konzentration: ein Stützfaktor für schulisches Lernen und Leisten

Konzentration und Aufmerksamkeit beeinflussen die schulische Leistung. Nach dem Hellerschen „Bedingungsmodell für Schulerfolg“[3] (siehe Schaubild) ist das Konzentrationsvermögen eine der Moderatorenvariablen, also ein nichtkognitives Persönlichkeitsmerkmal, das die Schulleistung beeinflusst.[4]

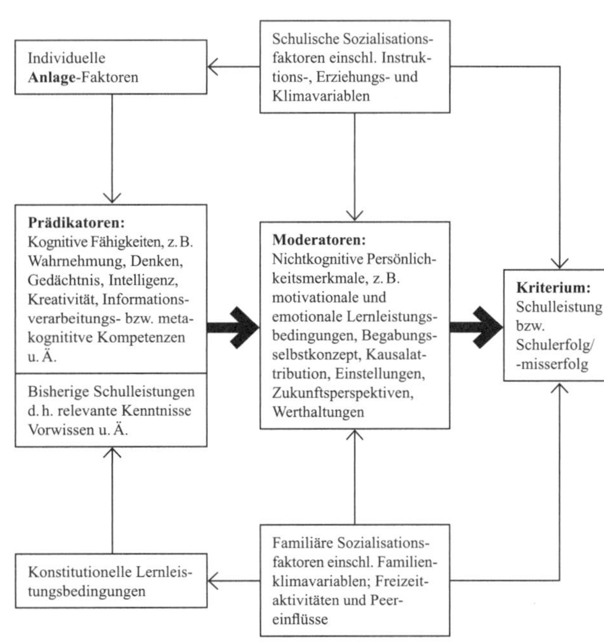

* Aus Gründen der leichteren Lesbarkeit haben wir in diesem Buch die weibliche oder die männliche Form gewählt. Selbstverständlich sind immer Lehrerinnen und Lehrer, Schülerinnen und Schüler, Pädagoginnen und Pädagogen usw. gemeint.

[1] Bäumler in Rost, H.,D.: Handwörterbuch Pädagogische Psychologie. Weinheim/Basel/Berlin 2006.
[2] Hoopen in Rost, H.,D.: Handwörterbuch Pädagogische Psychologie. Weinheim/Basel/Berlin 2006.
[3] In Heller, K.: Begabungsdiagnostik in der Schul- und Bildungsberatung. Bern 2000, S. 219ff.
[4] ebd.

Erfolgreiches schulisches Lernen ist demnach nicht nur von der individuellen Begabung abhängig, sondern wird von sogenannten Stützfaktoren beeinflusst. Dazu zählen die Konzentrations- und Aufmerksamkeitsfähigkeit.
Lehrer beschreiben Konzentrationsstörungen als häufigste Schulschwierigkeit. Bei Kindern mit Schulleistungsschwierigkeiten werden nach Lukesch bei bis zu 80 % gestörte Konzentrationsleistungen diagnostiziert.[4]

3. Kinder mit Konzentrationsschwierigkeiten

Betrachtet man eine „gewöhnliche" Grundschulklasse, so zeigen etwa die Hälfte der Schüler Konzentrationsprobleme. Das Verhalten ist dabei sehr unterschiedlich. Während die Lehrerin bereits die nächste Aufgabe erklärt, schaut Maria nachdenklich aus dem Fenster, Robin findet schon wieder nicht das richtige Buch, Julia kramt noch immer im Federmäppchen und Jonas kippelt unruhig auf dem Stuhl hin und her. Die Schüler haben Probleme die Aufmerksamkeit zielgerichtet und situativ angemessen zu steuern. Es fällt ihnen schwer, sich einer Aufgabe gezielt zu widmen, über einen längeren Zeitraum dabei zu bleiben, unwichtige Reize auszublenden und ihre Arbeit im vorgegebenen zeitlichen Rahmen zu erledigen. Folgende Verhaltensmuster lassen sich dabei feststellen:

Arbeitsverhalten:
- Oberflächliches, ungenaues und fehlerhaftes Arbeiten mit Abschreibfehlern
- Unvollständigkeit der Arbeiten, siehe Hefteinträge
- Nichtbeachtung der Arbeitsaufträge und vorschnelles Lösen einer Aufgabe, entsprechende Rechenzeichenverwechslung
- Fehlerzunahme nach einer längeren Arbeitsphase, z.B. am Ende von Diktaten
- Keine Ordnung der Arbeitsmaterialien

Verhaltensbereich:
Impulsiver Typ
a. unkontrolliertes Verhalten
b. motorisch unruhig
c. ausgeprägtes Mitteilungsbedürfnis
d. Probleme bei der Regeleinhaltung
e. stört den Unterricht
Verträumter Typ:
f. weiß nicht, was zu tun ist
g. träumt vor sich hin
h. wirkt antriebslos und müde

Das Training baut sich so auf, dass es allen Kindern mit Konzentrationsproblemen gerecht wird.

4. Checkliste für Lehrer und Eltern

Die folgenden Checklisten stellen ein Raster dar, nach dem Sie konzentrationsauffällige Kinder gezielt beobachten können.

Lehrer

Hört im Unterricht nicht aufmerksam zu.	Ja ◯	Nein ◯
Spielt mit Unterrichtsmaterial.	Ja ◯	Nein ◯
Hat unvollständige Arbeitsmaterialien	Ja ◯	Nein ◯
Schafft Aufgaben in der vorgegeben Zeit nicht.	Ja ◯	Nein ◯
Schaut verträumt aus dem Fenster.	Ja ◯	Nein ◯
Macht zahlreiche Flüchtigkeitsfehler.	Ja ◯	Nein ◯
Gibt Arbeiten unvollständig ab.	Ja ◯	Nein ◯
Vergisst Hausaufgaben und Arbeitsmaterialien.	Ja ◯	Nein ◯
Wirkt motorisch unruhig.	Ja ◯	Nein ◯
Trödelt bei Aufgaben.	Ja ◯	Nein ◯
Hat Schwierigkeiten Hefteinträge zu strukturieren.	Ja ◯	Nein ◯
Redet oft dazwischen.	Ja ◯	Nein ◯
Kann schwer abwarten, bis er oder sie an der Reihe ist.	Ja ◯	Nein ◯
Stört den Unterricht durch „Kaspereien".	Ja ◯	Nein ◯
Beginnt erst nach mehrmaliger Aufforderung mit der Arbeit.	Ja ◯	Nein ◯
Zeigt nach längerer Beanspruchung einen Leistungsabfall.	Ja ◯	Nein ◯

[4] Lukesch, H. : Einführung in die pädagogisch- psychologische Diagnostik S. 266. Regensburg 1998

Eltern

Fällt es ihrem Kind schwer, die Hausaufgaben ohne Unterbrechung zu machen?	Ja ◯	Nein ◯
Macht ihr Kind nach längeren Arbeitsphasen mehr Fehler?	Ja ◯	Nein ◯
Bringt ihr Kind angefangene Spiele oft nicht zu Ende?	Ja ◯	Nein ◯
Hat ihr Kind Schwierigkeiten, sich selbst zu organisieren?	Ja ◯	Nein ◯
Braucht ihr Kind regelmäßig länger als eine Stunde für die täglichen Hausaufgaben?	Ja ◯	Nein ◯
Ist ihr Kind vergesslich?	Ja ◯	Nein ◯
Lässt sich ihr Kind leicht ablenken?	Ja ◯	Nein ◯
Hört ihr Kind aufmerksam zu, wenn Sie etwas erklären?	Ja ◯	Nein ◯
Trödelt ihr Kind häufig?	Ja ◯	Nein ◯
Zappelt ihr Kind mit den Füßen oder rutscht auf dem Stuhl hin und her?	Ja ◯	Nein ◯
Kann ihr Kind oft nicht warten, bis es an der Reihe ist?	Ja ◯	Nein ◯
Hat ihr Kind Probleme Regeln einzuhalten?	Ja ◯	Nein ◯
Träumt ihr Kind öfter vor sich hin?	Ja ◯	Nein ◯
Hat ihr Kind ein altersgemäßes Zeitgefühl?	Ja ◯	Nein ◯
Fällt es ihrem Kind schwer, mehrere Aufgaben gleichzeitig zu erledigen?	Ja ◯	Nein ◯
Zeigt ihr Kind bei Knobelspielen wenig Ausdauer?	Ja ◯	Nein ◯

5. Aufbau des Konzentrationstrainings

Übungsschwerpunkte

Das Konzentrationstraining umfasst acht Einheiten zu je 90 Minuten. Pausen sollten dabei sinnvoll eingeplant werden. Diese müssen jedoch nicht nacheinander durchgeführt, sondern können inhaltlich getauscht werden. Es besteht kein aufsteigendes Leistungsniveau, da alle Aufgaben intelligenzunabhängig konzipiert sind. Die Schwerpunkte der Aufgaben beziehen sich auf die spezifische Problematik der Kinder mit Konzentrationsschwierigkeiten. Folgende Ziele werden dabei verfolgt:

- Steigerung der Daueraufmerksamkeit
- Förderung der parallelen Reizverarbeitung
- Verbesserung der selektiven Aufmerksamkeit
- Steigerung des Arbeitstempos
- Verbesserung der Sorgfaltsleistung
- Förderung der Merkfähigkeit

Verhaltensmodifikation

Neben den fachlichen Inhalten wird in jeder Stunde ein Verhaltensziel formuliert, welches in der Einheit trainiert wird. Die Schüler reflektieren am Ende die Einhaltung des Ziels während der Stunde. Der Auftrag für die kommende Woche ist die Einhaltung dieses Ziels. Eine weitere Reflexion kann zu Beginn der folgenden Stunde durchgeführt werden. Durch den Punkteplan findet eine positive Verstärkung statt.

Aufbau der Stunden

Alle Stunden des Trainings gliedern sich in folgende Phasen:
1. Einstiegsspiel
2. Zielerläuterung
3. Übungen
4. Reflexion

Fördermaterial

Diese ergänzenden Materialien können im weiteren Training eingesetzt werden. Sie unterteilen sich nach den bereits genannten Förderschwerpunkten. Die im Haupttraining erlernten Verhaltensweisen werden gegebenenfalls wieder aufgegriffen.

Rahmenbedingungen

Es empfiehlt sich, das Training im Rahmen eines Förderkurses in Kleingruppen, mit maximal zehn Schülern, durchzuführen. Sollte dies allerdings nicht möglich sein, können Sie einzelne Übungen in Ihren Unterrichtsalltag integrieren.

Kinder mit Konzentrationsschwierigkeiten unterrichten

Neben den gezielten Trainingsbausteinen ist es wichtig, die Kinder im alltäglichen Unterricht durch bestimmte Maßnahmen zu unterstützen. Der Praxisteil zeigt Ihnen verschiedene Möglichkeiten, mit deren Hilfe sie Ihren Unterricht entsprechend planen und strukturieren können.

Erläuterungen

TA = Tafel	PA = Partnerarbeit
AB = Arbeitsblatt	L = Lehrer
WK = Wortkarte	S = Schüler

B) Training

In den folgenden Kapiteln finden Sie die einzelnen Einheiten des Trainings. Die unterschiedliche Schwerpunktsetzung wird jeweils erläutert. Durch das Training begleiten die Kinder das Mädchen Zita und der Junge Carlo, die sich nicht konzentrieren können, weil sie nicht einmal wissen, wie das geht. Das ist bei vielen Kindern der Fall. Zusammen mit Zita und Carlo besuchen die Schüler ein Training und üben an verschiedenen Stationen sich zu konzentrieren. Durch die Motivationsfiguren betrachten die Kinder ihr eigenes Tun auf der Metaebene und lernen mit ihnen zusammen sich situationsgemäß zu konzentrieren und ihr Verhalten zu steuern.

1. Einheit: Stille – Schalte dein inneres Radio ab.

Überblick:

Warum?	Einstieg in die Thematik, Bedeutung des Begriffes Konzentration erfahren; eigenes Verhalten reflektieren
Verhaltensziel:	Wir werden ruhig und stellen unser inneres Radio ab.
Schwerpunkte:	Verbesserung der selektiven Aufmerksamkeit und Fokussierung auf einen zentralen Reiz
Stundenaufbau:	Einstieg: Präsentation der Motivationsfiguren, Vorlesen der Geschichte Zielerläuterung: WK mit Ziel anheften und mit Schülern besprechen Übungen: AB: Wie geht es dir?, AB: Abschalten
Danach?	Reizausblendung: Lachsack-Übung, Verhaltensziel reflektieren, Punkteverteilung

Einstiegsgeschichte:

Carlo ist ein ganz normaler Junge. Manchmal etwas anders als die Kinder in seinem Alter, zumindest sagen ihm das seine Eltern, seine Lehrer und auch seine Freunde öfter.
Manchmal ist Carlo traurig, weil er das Gefühl hat, alles falsch zu machen. Das beginnt oft schon morgens. Der Wecker klingelt, doch er hört ihn einfach nicht, weil er sich gerade nochmal unter seine weiche Bettdecke gekuschelt hat. Zehn Minuten später stürmt seine Schwester Zita herein. Sie ist bereits putzmunter und bläst Carlo mit ihrer Pfeife ins Ohr. Ja, seine Schwester, die ist manchmal wirklich etwas anders, dauernd muss sie sich bewegen. Nicht mal in der Schule kann sie auch nur fünf Minuten ruhig sitzen. Als Carlo endlich verträumt im Bad steht und sich die Zähne putzt, übt Zita bereits ihren neuesten Jongliertrick im Flur. Die Mutter ruft genervt: „Zeit fürs Frühstück. Beeilt euch.“ Und dann beginnt ein ganz „normaler“ Tag. „Trödel nicht so, bleib sitzen, musst du immer mit den Füßen zappeln, beeile dich, träum nicht so viel, konzentriere dich!“ Da war es wieder, das Wort „Konzentration“. Oft bekamen die Geschwister dies zu hören. Nicht nur von der Mutter, sondern auch von den Lehrern in der Schule, wenn Carlo wieder mal mit dem Hefteintrag nicht fertig wurde oder Zita aus Versehen den Inhalt des Federmäppchens auf dem Boden verteilte. Langsam hatten die Geschwister es satt. Das kann doch nicht so schwer sein mit der Konzentration. Gemeinsam schmieden sie einen Plan. Sie wollen an einem Training teilnehmen und lernen, sich besser zu konzentrieren. Möchtest du auch mitmachen?

Name: ______________________________ Datum: ______________

Wie geht es dir?

Hast du schon mal so was wie Zita und Carlo erlebt?
Male die Situationen auf.

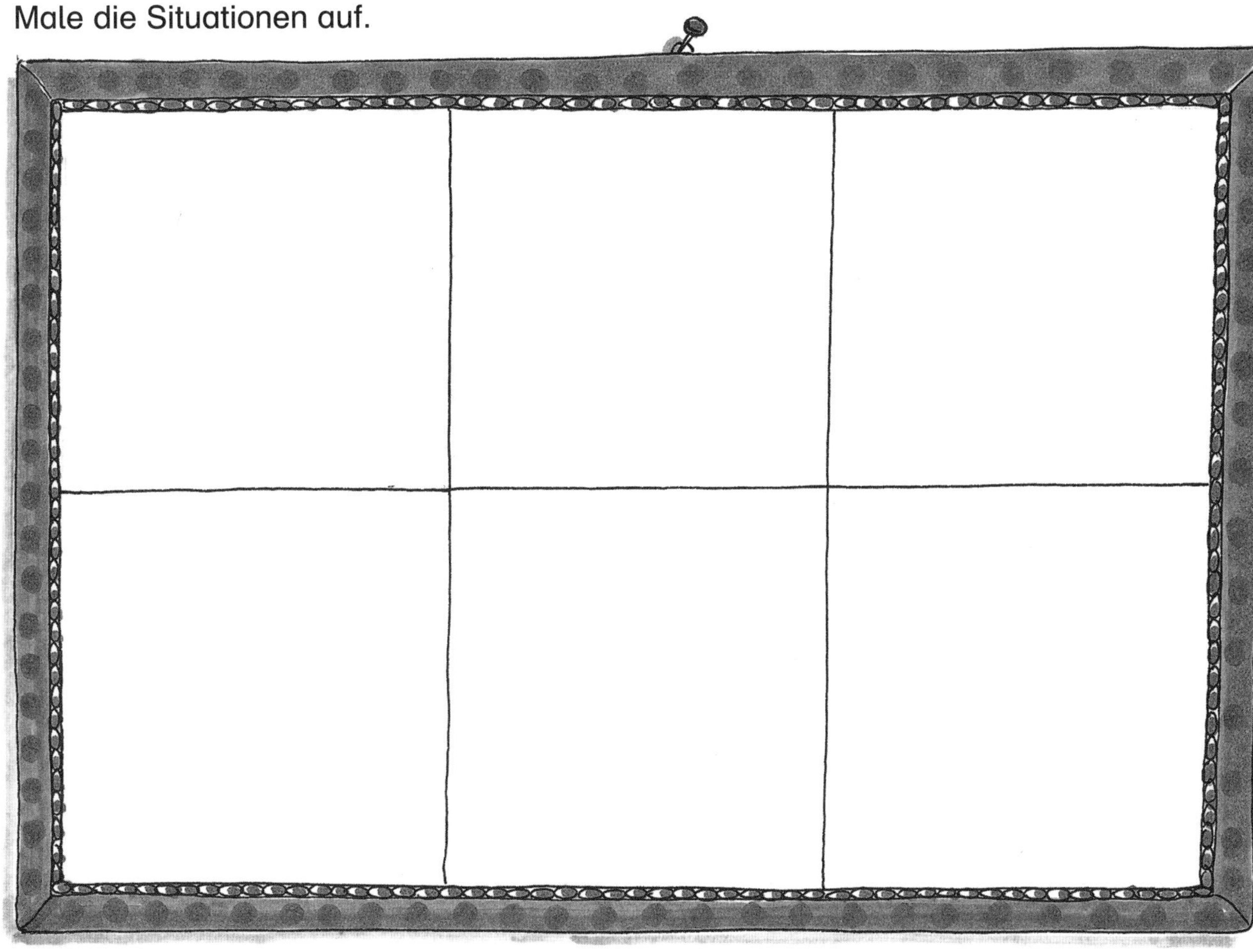

Welche Sätze hörst du?

Schreibe sie in die Sprechblasen.

Name: ______________________________ Datum: _______________

Stelle das Radio aus!

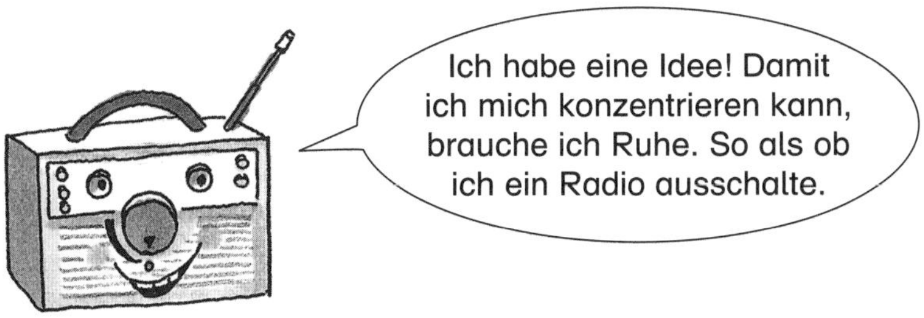

1. Was lenkt dich ab? Male die Bilder an.

2. Dein inneres Radio

Stelle dich hin und schließe die Augen. Dreh dein inneres Radio auf Null. Plötzlich wirst du ganz still. Du lässt dich nicht mehr ablenken. Jetzt kannst du dich konzentrieren.

3. Lachsack

So geht es:

- Suche dir einen Partner.
- Ein Kind konzentriert sich und stellt das innere Radio ab.
- Das andere Kind ist der Lachsack und versucht den Partner abzulenken.
- Nach jeweils zwei Minuten wird getauscht.
- Wie oft hast du dich ablenken lassen? Trage ein. ______________________

Das nehme ich mir für die nächste Woche vor:

____

2. Einheit: Ruhe – Ich bleibe ruhig auf meinem Platz sitzen.

Überblick:

Warum?	Verhaltensmuster erlernen
Verhaltensziele:	Ich sitze ruhig auf meinem Platz
Schwerpunkte:	Steigerung der selektiven Aufmerksamkeit Verbesserung der auditiven Aufmerksamkeit Förderung der parallelen Reizverarbeitung
Stundenaufbau:	Einstieg: Spiel: „Kommando Breze" Zielerläuterung: WK anheften und Ziel mit Schülern besprechen, AB: „Kommando Breze" Übungen: Bilddiktat: Die Schüler fertigen nach Anweisung durch die Lehrkraft ein Bild an Welches Wort passt nicht?: Die Schüler bearbeiten das AB in PA oder Klassenverband
Danach?	Reflexion der erlernten Verhaltensweise, Punkteverteilung

Spiel: „Kommando Breze"

Vorbereitung: Stuhlkreis
Durchführung:
Alle Schüler bewegen sich im Kreis, auf das Signal „Kommando Breze" suchen sie sich einen Platz und setzen sich mit verschränken Armen auf einen freien Stuhl. Insgesamt werden fünf Runden gespielt. Folgende Varianten können im Spiel noch dazugenommen werden: Bei „Kommando Füße" bleiben die Füße am Boden. Bei „Kommando Augen" richtet sich der Blick nach vorne und bei „Kommando Ohren" gehen die Hände hinter die Ohren in Lauschhaltung.

Übungen:

Bilddiktat
Material: Pro Schüler ein weißes DIN A4 Blatt in Querformat, Buntstifte
Diktat: Male

- in die rechte obere Ecke ein blaues Quadrat
- in die linke untere Ecke ein gelbes Dreieck
- in die Mitte des Blattes ein rotes Herz
- rechts neben das Herz eine lila Blume mit einem grünen Stil
- in die linke obere Ecke ein grünes Rechteck und in das Rechteck einen blauen Kreis
- verbinde das blaue Quadrat und das gelbe Dreieck mit einem roten geraden Strich
- zeichne an die obere Kante des Blattes ein braunes Zickzackmuster

Name: ______________________________ Datum: ______________

„Kommando Breze“

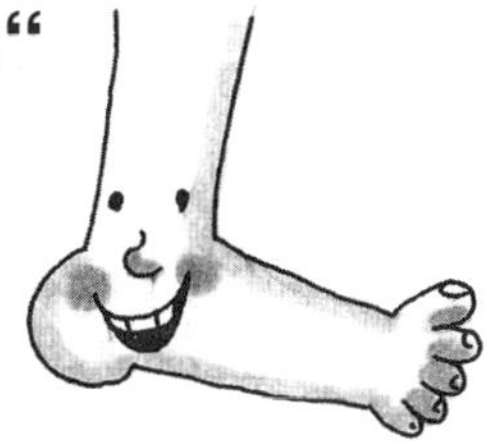

1. Verbinde die Satzteile.

Meine Füße	sind verschränkt.
Meine Arme	berühren den Boden.
Mein Mund	sind gespitzt.
Meine Augen	ist geschlossen.
Meine Ohren	blicken nach vorne.

2. Hast du für Zita und Carlo ein paar Tipps?

Meine Tipps:

____

____

____

3. Male dich selbst.

Setze dich nun, wie du möchtest auf deinen Platz. Dein Partner korrigiert dich. Tauscht die Rollen.

Das nehme ich mir für die nächste Woche vor:

____

Name: ______________________________ Datum: ______________

Welcher Wort passt nicht?

So arbeitest du:

- Suche in jeder Reihe das Wort, das nicht in die Reihe passt.
- Streiche es durch.
- Während der Übung klatscht dein Partner immer wieder einmal in die Hände und zählt innerlich mit.
- Du zählst im Kopf mit, wie oft er geklatscht hat.
- Vergleicht eure Ergebnisse.
- Tauscht nun die Rollen.

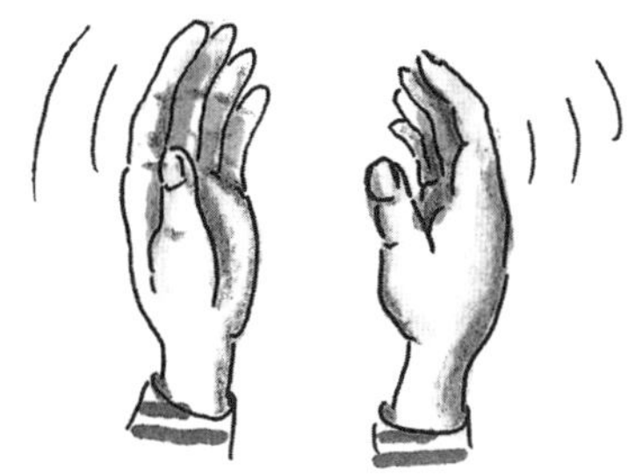

Affe	**Esel**	**Messer**	**Maus**	**Pferd**		
Blume	**Baum**	**Kaktus**	**Haus**	**Gras**		
Birne	**Banane**	**Ananas**	**Kleid**	**Orange**		
Donau	**See**	**Isar**	**Inn**	**Berg**	**Nil**	**Meer**
Käse	**Kleber**	**Wurst**	**Butter**	**Marmelade**		
Fuß	**Hand**	**Glühbirne**	**Kopf**	**Nase**		
Hans	**Georg**	**Leon**	**Jonas**	**Karola**		
Weihnachten	**Ostern**	**Geburtstag**	**Sommer**			
München	**Bayern**	**Ingolstadt**	**Nürnberg**			
Gurke	**Karotte**	**Apfel**	**Blumenkohl**			
Heft	**Buch**	**Zeitung**	**Fernsehen**			

Mein Partner hat ________ geklatscht.

3. Einheit: Zuhören – Ich höre aufmerksam zu.

Überblick:

Warum?	Verhaltensmuster erlernen, Selbststeuerung durch inneres Mitsprechen trainieren
Verhaltensziele:	Ich höre der Lehrerin aufmerksam zu
Schwerpunkte:	Förderung der parallelen Reizverarbeitung Verbesserung der auditiven Aufmerksamkeit Förderung der Daueraufmerksamkeit Verbesserung der Sorgfaltsleistung
Stundenaufbau:	Einstieg: Spiel Namenskarussell Zielerläuterung: WK anheften, AB: Tu, was du hörst! Übungen: Die innere Stimme
Danach?	Reflexion der Zieleinhaltung, Punkteplan

Spiel: Namenskarussell

Vorbereitung: Stuhlkreis
Durchführung:
Die Lehrerin klatscht einen Rhythmus vor, die Schüler klatschen nach:
Auf die Oberschenkel, danach in die Hände klatschen, schnipsen rechts, schnipsen links.
Nach einigen Übungsdurchgängen werden die Namen der Kinder zum Schnipsen ergänzt.
Beim Schnipsen rechts wird der eigene Name, beim Schnipsen links wird der Name eines anderen Kindes genannt. Nun ist das genannte Kind dran. Je nach Altersstufe kann der Klatschrhythmus verändert bzw. vereinfacht werden.

Ansagetext für AB: Hör genau zu.

Die Lehrkraft liest die Arbeitsaufträge vor. Nach jedem Auftrag werden bewusst Pausen gesetzt.

1. Hör genau zu, bevor du etwas tust.
2. Schreibe deinen Namen und das Datum auf die Zeile.
3. Male jedes zweite Dreieck blau an.
4. Suche das Wort Rose und male es an.
5. Welches Bild passt nicht in die Reihe? Streiche es durch.
6. Male drei Kreise auf die Linie.
7. Nachdem du genau zugehört hast, schreibe zuerst Name und Datum auf dein AB.

Übungen:

Die innere Stimme

Die Lehrkraft erklärt den Kindern, dass sie ihre Konzentration durch leises inneres Mitsprechen trainieren können. Dazu wird die erste Übung gemeinsam – unterstützt durch lautes Mitsprechen – durchgeführt. Die weiteren Übungen werden dann in Einzelarbeit mit Hilfe der inneren Stimme fortgesetzt. Dieses Vorgehen unterstützt die Schüler auch beim Abschreiben von Hefteinträgen und Buchstaben. Wortauslassungen können so vermieden werden.

Name: ______________________________ Datum: ______________

Hör genau zu.

1. Spitz die Ohren.

So arbeitest du:
- Suche dir einen Partner.
- Ein Kind liest die Arbeitsaufträge vor, das andere Kind führt sie aus:
  1. Mache drei Kniebeugen.
  2. Schreibe deinen Namen in die Luft.
  3. Klatsche zweimal in die Hände.
  4. Hüpfe auf einem Bein.
  5. Kreise deinen Kopf im Uhrzeigersinn.
- Tauscht jetzt die Rollen.

2. Hör genau zu.

____

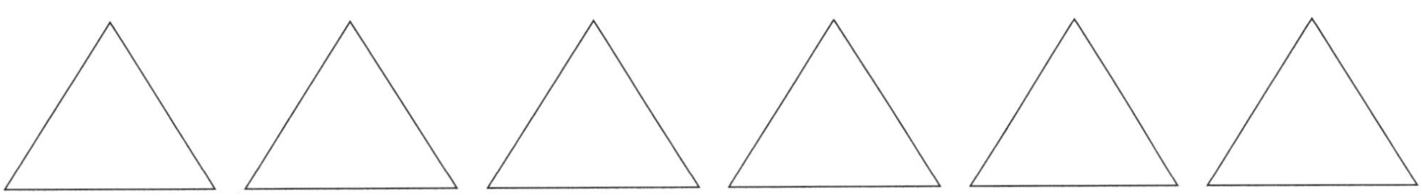

BROSEKLMNRHKROSEJHSGFROSE

____

Das nehme ich mir für die nächste Woche vor:

____

Name: ______________________________ Datum: ______________

Die innere Stimme

- Setzte die Muster fort.
- Sprich dabei leise mit. Zum Beispiel: „Zwei Kästchen nach rechts, ein Kästchen nach oben …“

1.

2.

3.

4.

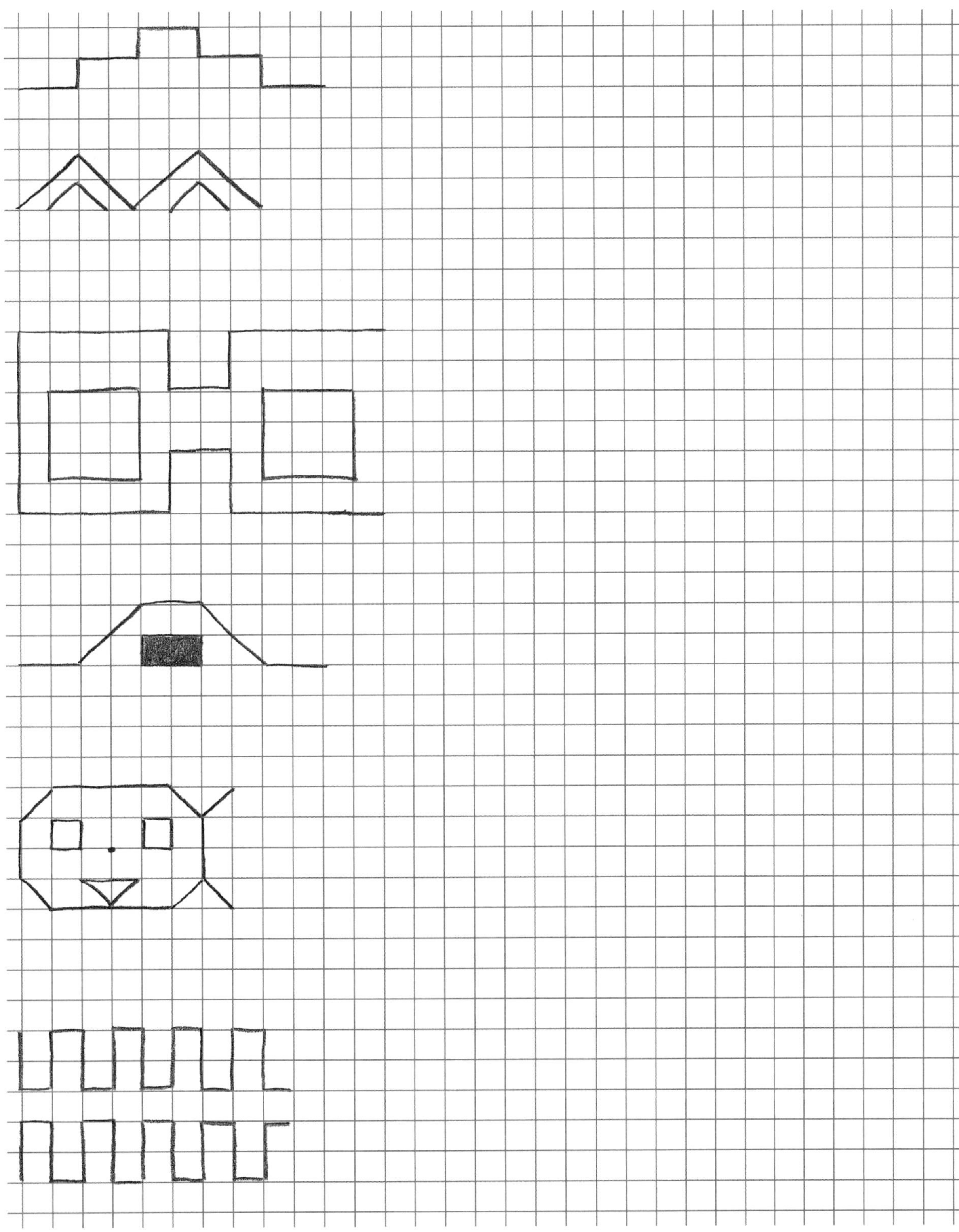

4. Einheit: Geduld – Ich warte, bis ich an der Reihe bin.

Überblick:

Warum?	Verhaltensmodifikation, Steigerung der Konzentrationsfähigkeit
Verhaltensziel:	Ich warte, bis ich an der Reihe bin.
Schwerpunkte:	Schulung der Merkfähigkeit Regeleinhaltung und Teamfähigkeit Förderung der Daueraufmerksamkeit Steigerung der selektiven Aufmerksamkeit
Stundenaufbau:	Einstiegsspiel: Ich fahre in den Urlaub Zielerläuterung: WK anheften und besprechen, AB bearbeiten Übungen: Gegenteile suchen, Fehlende Buchstaben ergänzen
Danach?	Reflexion der Zieleinhaltung, Punkteverteilung

Spiel: Ich fahre in den Urlaub und nehme mit ...

Vorbereitung: Sitzkreis
Durchführung:
Die Schüler packen eine Reisetasche für den Urlaub. Nacheinander werden beliebige Sachen eingepackt. Jedes Kind muss die Sachen der Vorredner wiederholen und anschließend einen neuen Gegenstand ergänzen. Wird ein Gegenstand vergessen, beginnt das Spiel von Neuem.

Übungen:

1. Gegenteile suchen

Die Schüler bearbeiten das Arbeitsblatt und verbinden die richtigen Wortpaare. Währenddessen hält die Lehrerin die Bildkarten der Motivationsfiguren im Abstand von ca. zehn Sekunden hoch. Die Schüler zählen mit, wie oft die Figuren zu sehen sind (es dürfen keine Notizen gemacht werden), und trainieren so die parallele Reizverarbeitung. Unterstützend kann vor dem Hochhalten der Bildkarte ein akustischer Reiz (z.B. Klatschen) erfolgen. Die Übung ist zeitlich begrenzt. Es empfiehlt sich, die Zeit mit einer Stoppuhr zu messen.

2. Fehlende Buchstaben

Die Schüler ergänzen die fehlenden Buchstaben und schreiben die Wörter richtig auf. Als Unterstützung wird auf das bereits erlernte Verhaltensmuster des inneren Mitsprechens verwiesen.

Name: ______________________________ Datum: ______________

Jetzt bist du dran

1. Ergänze die fehlenden Wörter.

Wenn ich etwas sagen möchte, dann __________ ich mich.

Ich rufe nicht einfach _______________.

In einer Klasse möchte jeder _______________.

Deshalb muss ich warten, bis ich an der ___________ bin.

dazwischen – melde – Reihe – drankommen

2. Was würdest du tun?

Carlo und Zita streiten sich lauthals um das neue Spielzeug.

____

Zita möchte ihre Freundin anrufen. Ausgerechnet jetzt telefoniert die Mutter.
Zita quengelt im Hintergrund, so dass die Mutter nichts mehr versteht.

____

Auf dem Spielplatz drängeln sich alle Kinder vor der Rutsche.
Zita möchte auch rutschen und ist schon richtig genervt von dem Gerangel.

____

Die Lehrerin erklärt gerade eine Rechenaufgabe. Carlo muss ihr aber jetzt sofort erzählen, was er gestern zum Geburtstag bekommen hat und schreit dazwischen.

____

Der Vater sortiert die Post am Samstagmorgen. Zita will mit ihm spielen
und meckert, weil er schon wieder keine Zeit hat.

____

Das nehme ich mir für die nächste Woche vor:

____

Name: ______________________________ Datum: ______________

Wörtermix

1. Gegenteilpaare

- Suche das Gegenteil und verbinde.
- Du hast drei Minuten Zeit.
- Schau genau, wie oft du Carlo und Zita auf der Tafel entdeckst.

weiß	jung
süß	groß
alt	fern
immer	sauer
lang	weich
klein	spät
Morgen	kalt
Sommer	schwarz
nah	eckig
spitz	Abend
unten	hoch
früh	stumpf
rund	nie
hart	oben
heiß	Winter
tief	kurz

So oft habe ich Carlo und Zita an der Tafel entdeckt: ________________

2. Welcher Buchstabe fehlt?

- Suche den fehlenden Buchstaben im Wort.

Tipp: Das innere Mitsprechen hilft dir dabei.

Sonntg, Ferin, Rado, Schulhas, Zeitng, Compter, Papie, Jeanshse, Eierbcher, Hausschlüssl, Vate, Autotr

____

____

5. Einheit: Sorgfalt – Ich lege meine Arbeitsmaterialien bereit.

Überblick:

Warum?	Verhaltensmodifikation, Steigerung der Konzentrationsfähigkeit
Verhaltensziel:	Ich lege meine Arbeitsmaterialien bereit
Schwerpunkte:	Vermittlung von Merkstrategien Steigerung der fokussierten Aufmerksamkeit Förderung der Daueraufmerksamkeit Verbesserung der parallelen Reizverarbeitung
Stundenaufbau:	Einstiegsspiel: Sag schnell, was fehlt. Zielerläuterung: WK an TA anhängen, Ziel besprechen, AB Schulwerkzeug Übungen: Spiele: Schau genau, Zitas Schultasche
Danach?	Reflexion des Ziels, Punktevergabe

Spiel: Sag schnell, was fehlt.

Vorbereitung: Sitzkreis, Tablett mit zehn Schulgegenständen
Durchführung:
Die Schüler sitzen im Sitzkreis und betrachten die Gegenstände: „Mache ein Foto der Gegenstände in deinem Kopf." Die Schüler schließen die Augen und die Lehrerin nimmt einen Gegenstand weg. Alle öffnen die Augen und überlegen, was fehlt. Wer den Gegenstand als Erstes nennt, bekommt einen Punkt in seinen Punkteplan. In jeder Runde wird ein anderer Gegenstand weggenommen.

Übungen:
1. Schau genau

Vorbereitung: Karten laminieren, je nach Gruppengröße Kartensätze für 2–3 Spieler

Durchführung:
Die Karten werden gemischt und verdeckt auf einen Stapel gelegt. Jedes Kind bekommt eine Ansagekarte. Nacheinander werden die Karten aufgedeckt. Wer zuerst den fehlenden Gegenstand nennt, darf die Karte behalten. Gewonnen hat der Spieler mit den meisten Karten am Ende.

2. Zitas Schultasche

Vorbereitung: Bildkarte auf DIN A3 kopieren und farbig gestalten

Durchführung:
Die Lehrerin erzählt folgende Geschichte. Die Kinder versuchen, sich alle Details zu merken und zählen im Kopf mit, wie oft der Name Zita in der Geschichte vorkommt. Anschließend wird das AB ausgeteilt und die Schüler beantworten die Fragen. Für jede richtig beantwortete Frage bekommen sie einen Punkt. Außerdem gibt es zwei extra Punkte für die richtig genannte Zahl des Namens.

Geschichte:

„Zita, räum endlich dein Zimmer auf!", ruft die Mutter durch das Haus. „In so einem Chaos kannst du schließlich nichts mehr finden." Leider muss Zita der Mutter Recht geben. Seit Tagen vermisst sie ihre neue Haarspange und kann sie einfach nicht finden. Kein Wunder! In Zitas Zimmer türmt sich neben den Schulsachen ein Kleiderhaufen und unter dem Spielzeugchaos verstecken sich ihre Puppenkleider. Also ran ans Werk. Zita will zuerst Ordnung am Schreibtisch schaffen. Sie sortiert alle Gegenstände: Hefte zu Hefte, Bücher zu Bücher und Stifte in die Stiftebox. Bei den Spielsachen wird es schon schwieriger. Zuerst holt Zita ihre Kisten hervor. Jetzt kommen alle Kuscheltiere in die rote Box, die Puppensachen in die blaue Box und ihre Puzzles in die grüne Box. „Oh Gott, und jetzt noch der Kleiderhaufen!", denkt Zita. Sorgfältig faltet sie alle Kleidungsstücke zusammen und verstaut sie in ihrem Schrank. Und siehe da, ganz unten, Zita kann ihren Augen kaum trauen, ihre neue lilafarbene Haarspange. Erfreut ruft Zita: „Da hat sich das Aufräumen doch gelohnt!", und sie nimmt sich vor, nie wieder ein solches Chaos in ihrem Zimmer zu veranstalten.

Name: ______________________________ Datum: ______________

Schul-Werkzeug

1. Betrachte das Bild. Male die Gegenstände farbig an, die in eine ordentliche Schultasche und auf einen ordentlichen Arbeitsplatz gehören. Markiere rot, was du nicht einpacken sollst oder was unordentlich ist.

2. Schultaschen – TÜV

- Räume deine Schultasche auf. Alles was nicht in die Schultasche gehört, packst du weg.
- Ordne: Hefte, Bücher, Sammelmappen, Blätter, Federmäppchen, Schlampermäppchen
- Fülle nun den Schultaschen – TÜV aus. ☺ ☹

Wochentag Datum	Hefte ordentlich eingebunden	Bücher eingepackt	Blätter eingeheftet	Stifte gespitzt	Federmäpp-chen eingeräumt	Kleber, Lineal …	Punkte

Mache den Schultaschen TÜV jetzt eine Woche lang jeden Tag nach den Hausaufgaben. Für jeden ☺ bekommst du einen Punkt.

Das nehme ich mir für die nächste Woche vor:

____

Name: ______________________________ Datum: ______________

1. Schau genau.

Was fehlt, was ist vertauscht?

Ansagekarte

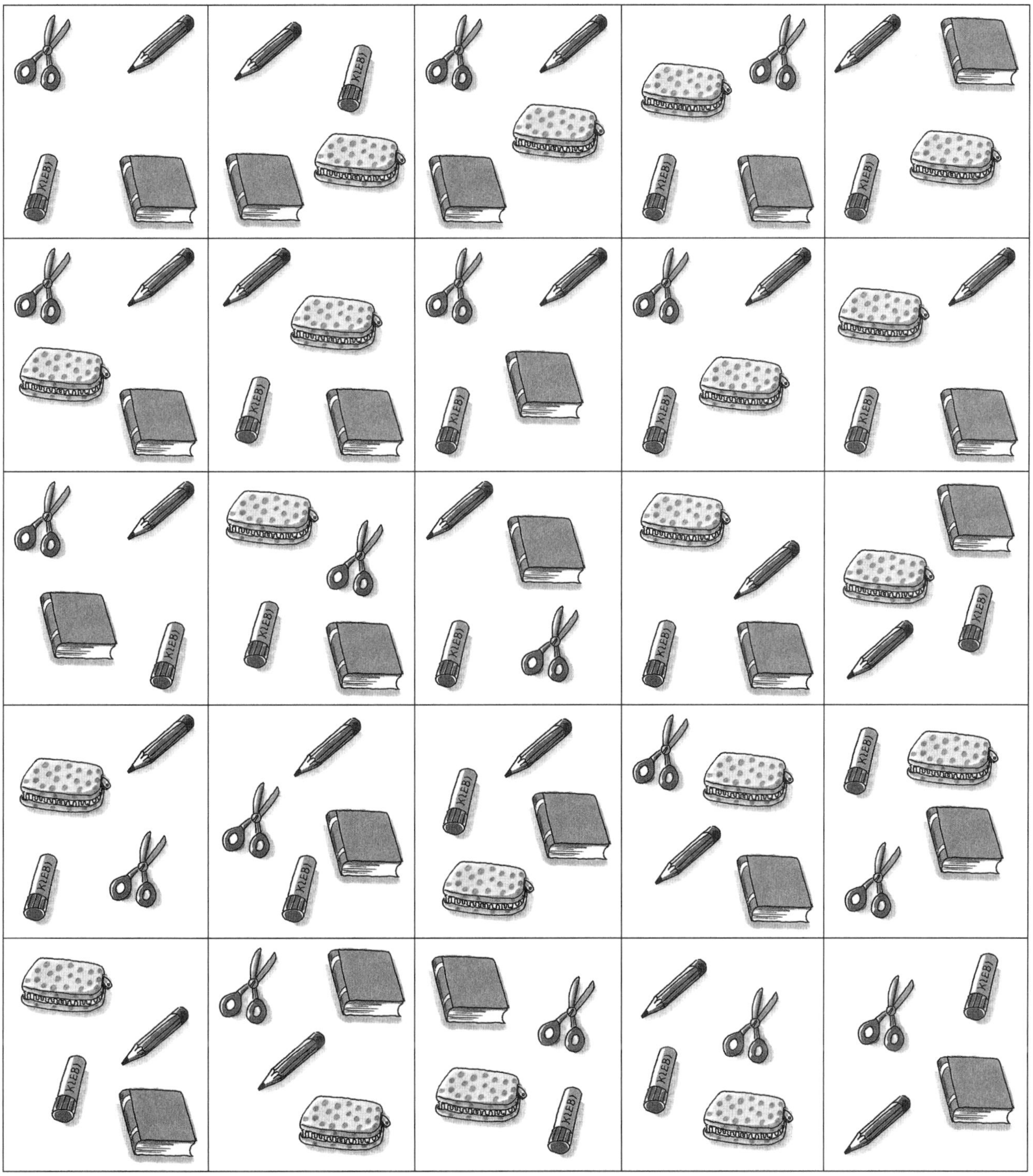

Name: ______________________________ Datum: ______________

2. Zitas Schultasche

Welches Muster hat das Lineal? ______________________________

Wie viele Stifte schauen aus der Schultasche hervor? ______________________________

Wie viele Tiere hast du gesehen? ______________________________

Welche Tiere waren es? ______________________________

Welche Symbole haben die Träger der Schultasche? ______________________________

Was war in der Pausenbox? ______________________________

ZITAS NAME WURDE ______________________________ GENANNT.

6. Einheit: Geschwindigkeit – Ich arbeite flott.

Überblick:

Warum?	Verhaltensmodifikation, Steigerung der Konzentrationsfähigkeit
Verhaltensziel:	Ich arbeite flott.
Schwerpunkte:	Steigerung des Arbeitstempos, Training der fokussierten Aufmerksamkeit
Stundenaufbau:	Einstieg: Würfelhaus Zielerläuterung: WK anheften und besprechen, AB Zeitfresser Übungen: Namenwörter-ABC, Endlossatz
Danach?	Reflexion des Ziels, Punktevergabe

Spiel: Würfelhaus

Vorbereitung: Spielplan pro Spielpaar laminieren, Spielgruppen einteilen,
Durchführung:
Jedes Spielteam – bestehend aus zwei Spielern und einem Spielleiter – bekommt einen Würfel und zwei Spielpläne. Einer ist der Spielleiter, der würfelt und die jeweiligen Ergebnisse schriftlich festhält. Die anderen beiden erhalten je einen Buntstift zum Markieren auf ihren Spielplänen. Nun wird gewürfelt. Wer die Augenzahl zuerst entdeckt, kreuzt das Feld auf dem Spielplan an. Das Spiel endet, wenn alle Felder markiert sind. Sind beide Spieler gleichzeitig mit dem Markieren der Felder fertig, gibt es zwei Gewinner.

Übungen:

1. Namenwörter-ABC

Vorbereitung: Paare einteilen
Material: AB, Sanduhr, Block und Stift
Durchführung: Die Schüler lesen die Arbeitsaufträge und führen die Übung nach Anleitung auf dem Arbeitsblatt durch.

2. Endlossatz

Vorbereitung: Gruppen einteilen
Material: AB, Sanduhr, Block und Stift
Durchführung: Die Schüler lesen die Arbeitsaufträge und führen die Übung nach Anleitung auf dem Arbeitsblatt durch. Die vorgegebenen Satzanfänge dürfen verwendet werden.

Name: ______________________________ Datum: ______________

Spielplan Würfelhaus

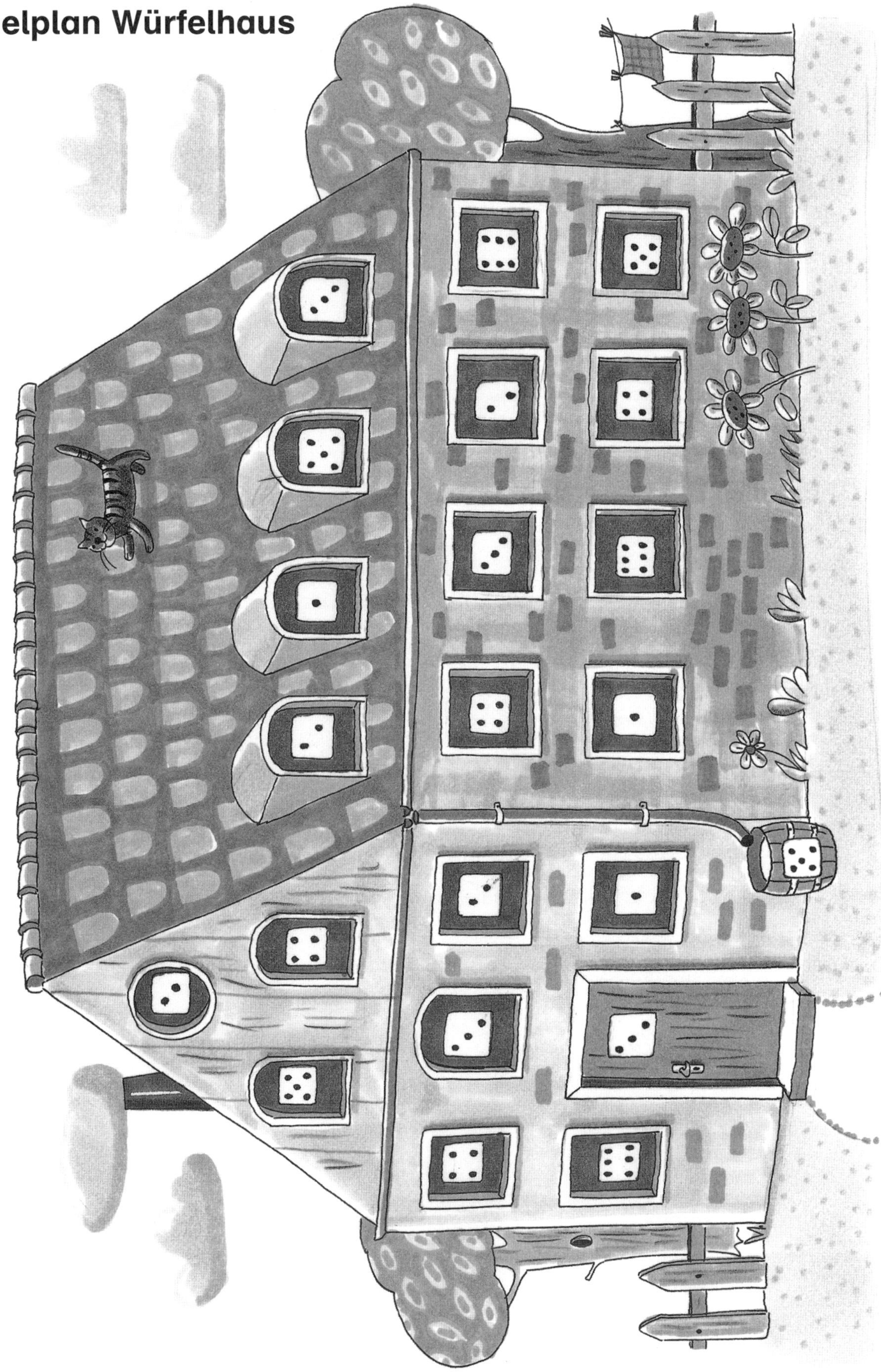

Name: ______________________________ Datum: ____________

1. Zeitfresser

Carlo kommt heute schon früher als Zita aus der Schule. Jede Menge Zeit zum Spielen und Faulenzen – wenn da nicht die lästigen Hausaufgaben wären. Schon beim Mittagessen trödelt er und kaut jeden Bissen dreimal, nur um nicht anfangen zu müssen. Eine Stunde ist bereits um. Mühselig packt er um 14.30 Uhr die Schulsachen aus. „Mist, das Mathebuch ist schon wieder nicht da“, schimpft er. Er entdeckt es zwischen dem Blätterhaufen ganz hinten in der Schultasche. So, jetzt kann es losgehen. Was hat er nochmal auf? Leider findet er die Hausaufgaben nicht und blättert verzweifelt im Buch. Endlich! Da ist die Seite und das Heft liegt bereit. Tja, doch die Stifte sind nicht gespitzt und Carlo kann sich nicht entscheiden, ob er den blauen oder den grünen Stift zum Unterstreichen nimmt. Also erst die Stifte spitzen und überlegen … „Ich nehme den grünen“, beschließt er. Bereits eine halbe Stunde ist vergangen, bis Carlo die ersten Aufgaben im Heft stehen hat. Nervös kippelt er auf dem Stuhl. „Mama ich habe Durst“, ruft er zur Mutter in die Küche. Mit einem angespannten Lächeln bringt ihm die Mutter ein Glas Wasser. „Das hast du aber nicht ordentlich gemacht. Jede Zahl muss in einem Kästchen stehen. Schreibe das nochmal“, meckert die Mama. Carlo stöhnt, das Ganze also wieder von vorne. Nach einer weiteren halben Stunde stehen insgesamt zehn Aufgaben in seinem Heft. „Puh, ich muss auf die Toilette“, beschließt Carlo und verschwindet im Bad. Da fällt ihm sein neues Legoauto ein, das noch nicht fertig gebaut ist und er macht einen Umweg über das Spielzimmer. Vertieft im Spiel fällt ihm plötzlich die Hausaufgabe wieder ein. Ein Blick auf die Uhr – schon 16.00 Uhr! – jetzt aber Tempo. Zurück am Schreibtisch hört er die Stimme seiner Mutter: „Carlo, beeile dich, Zita kommt gleich nach Hause und wir haben noch einen Zahnarzttermin.“ Schnell schreibt er die Lernwörter auf den Block, da er das Deutschheft nicht findet. Ordentlich ist es gerade nicht geworden, aber er wird der Lehrerin einfach erzählen, dass er so lange für Mathe gebraucht hat. Ob die Lehrerin das wohl versteht?

- Lies die Geschichte:
- Warum braucht Carlo so lange für die Hausaufgaben? Markiere.
- Was glaubst du wird die Lehrerin sagen?

____

Ist bei dir auch manchmal der Zeitfresser unterwegs? Erkläre, warum.

____

____

Name: ______________________________ Datum: ______________

1. Namenwörter-ABC

Das brauchst du:
- Stift, Block, Sanduhr

So geht es:
- Ein Kind sagt leise das ABC auf. Das andere Kind ruft „Stopp“.
- Dreht die Sanduhr um und schreibt so viele Namenwörter wie möglich zum genannten Buchstaben auf.
- Wenn die Sanduhr abgelaufen ist, wird gezählt.
- Tragt eure Punkte in die Tabelle ein.

Achtung: Namenwörter schreibt man? … GROß
Nur richtig geschriebenen Wörter ergeben einen Punkt!

Spielrunde	1	2	3	4	Gesamt
Spieler 1					
Spieler 2					

2. Endlossatz

Das brauchst du:
- Stift, Block, Sanduhr

So geht es:
- Überlegt euch, wer beginnt.
- Dreht die Sanduhr. Ein Kind schreibt einen möglichst langen Satz auf. Der Partner ruft nach Ablauf der Zeit „Stopp“.
- Jetzt ist das andere Kind dran.
- Wer hat den längsten Satz geschrieben?
- Ihr könnt das Spiel auch öfter durchführen.

Vorschläge für Satzanfänge:
Ich … Tim … Morgen … Heute …

7. Einheit: Genauigkeit – Ich arbeite sorgfältig.

Überblick:

Warum?	Verhaltensmodifikation, Steigerung der Konzentrationsfähigkeit
Verhaltensziel:	Ich arbeite sorgfältig.
Schwerpunkte:	Verbesserung der Sorgfaltsleitung, Steigerung der fokussierten auditiven Aufmerksamkeit
Stundenaufbau:	Einstiegsspiel: Magischer Faden Zielerläuterung: WK anheften, Ziel besprechen, AB: Bei den Piraten Übungen: Carlos Piratenkostüm, Puzzleteile
Danach?	Reflexion des Ziels, Punktevergabe

Spiel: Magischer Faden

Vorbereitung: Pro Kind einen Wollfaden mit ca. 50 cm Länge, Karten vergrößert
Durchführung:
Die Kinder legen die Fadenmuster nach.

Übungen:
1. Carlos Piratenkostüm

Malaufträge: Die Lehrerin beschreibt den Pirat:
- Carlo trägt einen schwarzen Piratenhut
- die Piratenhose ist blau mit grünen Flicken
- sein Säbel glänzt gelb wie die Sonne
- sein Hemd ist rot weiß gestreift
- an seinem Ohr hängt ein Ohrring mit einem roten Stein
- auf seiner Schulter sitzt ein bunter Papagei

2. Puzzleteile

Die Schüler sollen die Bildausschnitte im Bild finden und farbig umfahren.
Tipp: Die Bildteile können ausgeschnitten und aufgeklebt werden.

Name: ______________________________ Datum: ______________

Bei den Piraten

1. Wie kommt der Pirat zur Insel?

2. Schatzsuche

Der Pirat möchte zum Schatz. Kannst du ihm helfen?

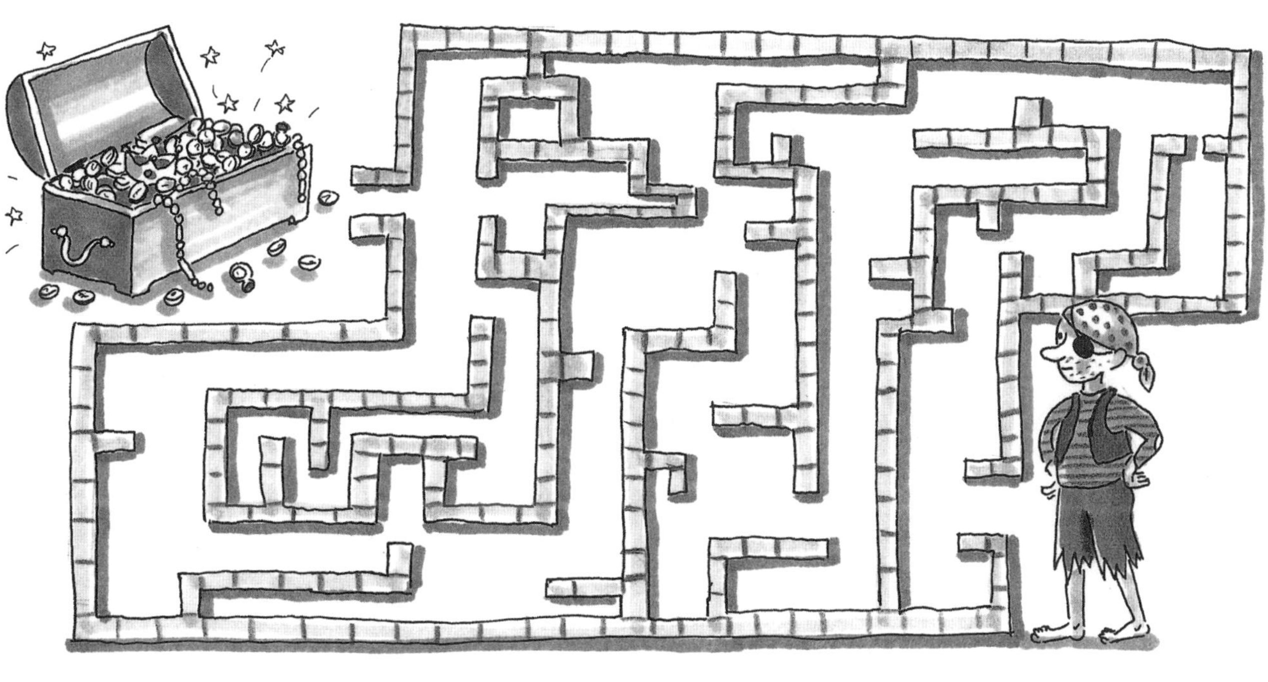

Name: ______________________________ Datum: ______________

1. Carlos Piratenkostüm

So geht es:

- Male das Piratenkostüm nach der Ansage durch den Lehrer richtig an.
- Achte darauf, dass du sorgfältig und nicht über die Linien hinaus malst.

2. Puzzleteile

So geht es:

- Finde die richtigen Bildausschnitte und fahre sie mit unterschiedlichen Buntstiften nach.

8. Einheit: Durchhaltevermögen – Ich halte auch bei schwierigen Aufgaben durch!

Überblick:

Warum?	Verhaltensmodifikation, Steigerung der Konzentrationsfähigkeit
Verhaltensziel:	Ich halte auch bei schwierigen Aufgaben durch.
Schwerpunkte:	Steigerung der Daueraufmerksamkeit, eigene Ressourcen stärken
Stundenaufbau:	Einstiegsspiel: Platzwechsel Zielerläuterung: WK anheften, Ziel besprechen, AB: Durchhalten Übungen: Zahlencode, Zahlenreihen, Geheimschrift
Danach?	Reflexion des Ziels, Punktevergabe

Spiel: Platztausch

Vorbereitung: Pro Kind vier verschiedenfarbige Gummibärchen, Muggelsteine oder Spielfiguren
Durchführung:
Die Kinder legen die Gummibärchen in der Reihenfolge Rot, Grün, Weiß und Gelb vor sich auf den Platz. Anschließend tauschen die Bärchen ihre Plätze. Bei jeder Variante wird in der gleichen Ausgangsposition begonnen.

1. Die Schüler tauschen die Gummibärchen aktiv: Rot wandert an die letzte Stelle, Weiß tauscht mit Grün den Platz.
2. Die Schüler stellen sich den Platzwechsel vor: Grün wandert an die erste Stelle, Weiß und Gelb tauschen die Plätze. Wer weiß die neue Reihenfolge?
3. Die Schüler schließen die Augen: Weiß wandert an die erste Stelle, Rot und Grün tauschen die Plätze. Wer kann die neue Reihenfolge mit geschlossenen Augen sagen?

Das Spiel kann mit unterschiedlichen Aufträgen variiert werden.

Übungen:
1. Zahlencode / Zahlenreihen / Geheimschrift

Die Schüler bearbeiten das AB. Die Lehrkraft schaltet parallel dazu Musik an. Die Schüler sollen das Hintergrundgeräusch ausblenden und ausdauernd konzentriert arbeiten.
Tipp: Verweis auf das innere Radio (vgl. 1. Einheit)

Lösung Geheimschrift:
Jetzt kannst du dich konzentrieren.

Name: ________________________ Datum: ______________

Durchhalten

1. Kraftstein

Damit du durchhalten kannst brauchst du viel Kraft.
Gestalte einen Kraftstein. Schreibe auf, was dir Kraft gibt.
z. B. Lieblingsgetränk, Hobby, Personen …

____

____

____

____

2. Was kannst du gut?

Schreibe es auf.

____

____

____

____

Name: ______________________________ Datum: ______________

Knobelei

1. Zahlencode

So geht es:
Streiche die Zahlenpaare durch, die nicht gleich sind.

4 5 6 7	3 5 1 1	9 8 5 1	1 2 3 4
4 5 6 7	4 5 1 1	9 8 5 0	1 2 3 5
7 8 9 1	2 3 6 7	2 3 6 7	6 7 9 8
7 8 9 2	2 3 6 7	2 3 7 6	6 7 9 8
8 7 6 6	6 7 6 7	1 2 1 3	9 8 8 0
6 6 8 7	7 6 7 6	1 2 1 3	9 0 8 8
9 7 9 8	5 7 8 9	6 8 9 0	7 3 4 5
9 8 6 7	5 7 8 9	6 8 9 0	7 3 4 5

2. Zahlenreihen

So geht es:
Vergleiche die Zahlenreihen mit den vorgegebenen. Streiche nicht vorkommende Zahlen durch.

123 **698** **945**

897 123 945 678 698 123 112 945 789 954

945 698 345 654 945 123 765 987 698 123 945

451 197 945 677 698 123 412 112 123 945 709 945

3. Geheimschrift

- Entschlüssle die Geheimschrift! Tipp: Denke an den Anlaut!

Name: ______________________________ Datum: ______________

Training

Ist dein Trainingsziel in den verschiedenen Stationen eingetreten?

Name: ______________________________ Datum: ______________

Punkteplan

Notiere deine Punktezahl zu jedem Spiel.

Name: ______________________________ Datum: ______________

Verhaltensziele

1. Ich werde ruhig und stelle mein inneres Radio ab.

2. Ich sitze ruhig auf meinem Platz.

3. Ich höre aufmerksam zu.

4. Ich warte, bis ich an der Reihe bin.

5. Ich lege meine Arbeitsmaterialien bereit.

6. Ich arbeite flott.

7. Ich arbeite sorgfältig.

8. Ich halte auch bei schwierigen Aufgaben durch.

Reflexionshilfe am Ende jeder Stunde

Reflexionsleiter

C) Fördermaterial

1. Daueraufmerksamkeit

Unter Daueraufmerksamkeit versteht man die Fähigkeit sich über einen längeren Zeitraum einer Aufgabe oder Tätigkeit zu widmen, die oft nicht besonders interessant, sondern eher monoton ist. Die Zielerreichung sollte hier im Vordergrund stehen.

Was? Namensdschungel:

Wie? Die Schüler sollen die Namen „Zita und Carlo“ im Text heraussuchen und farbig markieren.
Buchstabenrallye:
Die Schüler sollen aus den Buchstabenschlangen vorgegebene Buchstaben isolieren. Diese Übung eignet sich auch als Stationentraining.

Danach? Ergebnis auswerten, Reflexion mit Reflexionsleiter und Smileys: „Wie ist es dir bei den Übungen ergangen?“

2. Parallele Reizverarbeitung

Unter paralleler Reizverarbeitung werden Aktionen verstanden, die mehrere Reize gleichzeitig beinhalten. Das Gehirn soll lernen, beide Reize parallel zu verarbeiten.

Was? Spiegelbild, Alles auf einmal, Obstsalat, Rechenjagd, Mehr oder weniger?

Wie?
- Die Schüler bilden Dreiergruppen: Ein Kind ist das Spiegelbild, ein zweites Kind macht Bewegungen vor und der dritte Partner stellt Fragen, die das Spiegelbildkind beantworten muss.
- Die Lehrkraft hebt abwechselnd im Abstand von ca. 20 Sekunden eine der Bildkarten mit „Zita und Carlo“ hoch. Für Zita malen die Kinder einen Punkt rosa aus, für Carlo blau. Parallel dazu müssen sie Fehler im Suchbild finden und markieren. Der zeitliche Abstand kann je nach Alter variieren.
- Der Lehrer benötigt Farbkärtchen in Rot, Gelb, Grün und Orange. Die Farbkarten werden nacheinander in beliebiger Reihenfolge hochgehalten, während die Schüler die geeignete Obstsorte dazu anmalen. Außerdem nennt die Lehrkraft verbal Farben. Die passenden Obstsorten werden ausgemalt. Der zeitliche Abstand zwischen den visuellen und auditiven Reizen ist je nach Alter zu bestimmen.
- Die Schüler bearbeiten das Arbeitsblatt „Rechenjagd“ und „Mehr oder weniger?“. Gleichzeitig nennt die Lehrerin die Namen der Schüler. Das genannte Kind klatscht in die Hände. Beim Kommando „alle“ muss die ganze Gruppe aufstehen und sich erneut setzen. Die parallelen Reize sind erneut so einzusetzen, dass es zu keiner Überforderung der Schüler kommt.

Danach? Ergebnis auswerten, Reflexion mit Reflexionsleiter und Smileys „Wie ist es dir bei den Übungen ergangen?“

3. Selektive Aufmerksamkeit

Die selektive Aufmerksamkeit ermöglicht eine bewusste Reizausblendung. Ablenkungen werden ignoriert und die Konzentration erfolgt auf die eigentliche Aufgabe.

Was? Genau gleich, Symbole

Wie? Die Schüler bearbeiten die beiden Arbeitsblätter. Sie sollen jeweils das identische Bild finden und die richtigen Symbole unter die Bilder malen. Die Lehrerin versucht währenddessen die Gruppe abzulenken:
- Geräusche machen
- Namen nennen
- Berühren der Arme etc.

Danach? Ergebnis auswerten, Reflexion mit Reflexionsleiter und Smileys „Wie ist es dir bei den Übungen ergangen?“

Tipp: Die Ablenkungen können auch in andere Übungsbereiche integriert werden.

4. Umschaltefähigkeit

Das Switchen bezieht sich auf die Fähigkeit, die Aufmerksamkeit bewusst zwischen zwei Reizen hin und her zu schieben.

Was? Vor und Zurück, Verkehrte Welt

Wie?
- Die Lehrerin klopft auf den Tisch. Bei jedem Klopfzeichen gehen die Schüler auf dem Spielbrett einen Schritt mit einer Spielfigur nach vorne. Wechselt die Lehrkraft von Klopfen auf Klatschen, so wandern die Schüler einen Schritt zurück.

– Die Lehrerin nennt abwechselnd in beliebiger Reihenfolge die Farben Rot und Blau. In der „Richtig-Reihe“ werden die Kästchen mit der genannten Farbe identisch angemalt, bei der „Falsch-Reihe“ werden die Kästchen mit der anderen Farbe als der genannten markiert.

Danach? Ergebnis auswerten, Reflexion mit Reflexionsleiter und Smileys „Wie ist es dir bei den Übungen ergangen?“

Tipp: Anzahl der Signale und Farbreihenfolge notieren, damit eine Auswertung möglich ist.

5. Arbeitstempo

Unter Arbeitstempo versteht man die Zeit, in der ein Schüler gemäß seiner Entwicklung (Alter und/bzw. Reife) Aufgaben bewältigen kann.

Was? Wortkette, Augendetektive, Wörterpuzzle

Wie? Die Schüler bearbeiten die Arbeitsblätter nach Anweisung im Team. Stoppuhren sollen zur Verfügung gestellt werden.

Danach? Ergebnis auswerten, Reflexion mit Reflexionsleiter und Smileys „Wie ist es dir bei den Übungen ergangen?“

6. Sorgfalt

Die Sorgfaltsleistung bezieht sich zum einen auf die Fehleranzahl bei Aufgaben und zum anderen auf die ordnungsgemäße Ausführung.

Was? Gemüsemix, Gesichter

Wie? Bei diesen Übungen geht es um die sorgfältige Arbeitsweise. Zuerst malen die Schüler das Gemüse in der richtigen Farbe an, dann vervollständigen sie die Gesichter mit den fehlenden Merkmalen.

Danach? Ergebnis auswerten, Reflexion mit Reflexionsleiter und Smileys „Wie ist es dir bei den Übungen ergangen?“

Tipp: Bei starken Gruppen können Ablenkungsreize eingebaut werden.

Name: ______________________________ Datum: ____________

1. Daueraufmerksamkeit

Namensdschungel

So geht es:

- Suche die Namen Zita und Carlo.
- Markiere sie farbig.

RITA CARLO JOSEF CHRISTIAN ZITA JOHANNES
MARIA ROSI ELVIRA NICO JANNES KEVIN ZITA
MARLON CARLO JENS RALF MARKUS ANNA LENA
ZITA CARLO ZITA LARS NADINE HUGO

STEFANSIMONVIVIENZITAFLORIANCARLOBENEDIKT
MELINDALINDACARLOSVENMARIZITANATALIECLAUD
IASANDRACHRISTOPHCARLOTOBIASGUNTHERDAVI
DJULIAZITASIMONANDREASCAROOLIVIA

Buchstabenrallye

So geht es:

- Suche im Text die vorgegebenen Buchstaben.
- Markiere sie farbig

Buchstabenrallye 1	Buchstabenrallye 2
So geht es: • Suche den Buchstaben a / A. • Wie oft findest du ihn? ABRAKADABRA Abrakadabra ABRAKADABRA 15 mal	So geht es: • Suche den Buchstaben b/B. • Wie oft findest du ihn? BesenbeißenBesen beißenBesenBesen BESENbeißenBESEN 9 mal

Name: ______________________ Datum: ____________

Buchstabenrallye 3

So geht es:
- Suche den Buchstaben d/D.
- Wie oft findest du ihn?

dreidackeldackelnumher
DACKELNDREIDACKELUMHER
UmherdackelnDREIDACKEL

9 mal

Buchstabenrallye 4

So geht es:
- Suche den Buchstaben ch/Ch.
- Wie oft findest du ihn?

ChingChangChung
chungchangching
CHANGCHINGCHUNG

9 mal

Buchstabenrallye 5

So geht es:
- Suche den Buchstaben e/E.
- Wie oft findest du ihn?

EselessenErbsen
esseneselerbsen
ERBSENESSENESEL

18 mal

Buchstabenrallye 6

So geht es:
- Suche den Buchstaben f/F.
- Wie oft findest du ihn?

FISCHERSfritzFISCHT
frischeFische
FRISCHEfischeFischt
FISCHERSfritz

10 mal

Buchstabenrallye 7

So geht es:
- Suche den Buchstaben g/G.
- Wie oft findest du ihn?

GänseschnatternimGarten
IMgartenSCHNATTERNgänse
schnatterngänseimGarten

6 mal

Buchstabenrallye 8

So geht es:
- Suche den Buchstaben h/H.
- Wie oft findest du ihn?

HANShacktHOLZ
holzHACKThans
HACKTHANSHOLZ

9 mal

Name: ______________________________ Datum: ______________

Buchstabenrallye 9

So geht es:
- Suche den Buchstaben i / I.
- Wie oft findest du ihn?

idawidamida
WIDAMIDAIDA
midawidaida

9 mal

Buchstabenrallye 10

So geht es:
- Suche den Buchstaben j / J.
- Wie oft findest du ihn?

jaNEINneinJAjaNEINja
JANEINJANEINJANEIN
janeinjajajaneinjajaneinnein

13 mal

Buchstabenrallye 11

So geht es:
- Suche den Buchstaben k / K.
- Wie oft findest du ihn?

KALLEklautKIRSCHEN
klautkallekirschen
KIRSCHENKLAUTKALLE

9 mal

Buchstabenrallye 12

So geht es:
- Suche den Buchstaben l / L.
- Wie oft findest du ihn?

LEOLUTSCHTEINENLOLLI
LUTSCHTleoEINENlolli
EINENLOLLILUTSCHTLEO

15 mal

Buchstabenrallye 13

So geht es:
- Suche den Buchstaben m / M.
- Wie oft findest du ihn?

MamaMamiMamo
mamomamimama
MAMIMAMAMAMO

18 mal

Buchstabenrallye 14

So geht es:
- Suche den Buchstaben n / N.
- Wie oft findest du ihn?

NoNaNiNaNo
NINANANANINANO
nonanan.aninano

19 mal

Name: ______________________ Datum: ____________

Buchstabenrallye 15

So geht es:

- Suche den Buchstaben o/O.
- Wie oft findest du ihn?

OttiOttoOtta
OTTOPTTAOTTI
Ottiottootta

11 mal

Buchstabenrallye 16

So geht es:

- Suche den Buchstaben p/P.
- Wie oft findest du ihn?

OpaOMAopapapa
OMAOPAOMAMA
OmaopaomamaoPAPA

8 mal

Buchstabenrallye 17

So geht es:

- Suche den Buchstaben qu/Qu.
- Wie oft findest du ihn?

QUARKquarkQuark
QUARKQUARKQUARK
quarkquarkquark

9 mal

Buchstabenrallye 18

So geht es:

- Suche den Buchstaben r/R.
- Wie oft findest du ihn?

RITAräumtRUM
rumräumtrita
RÄUMTRITARUM

9 mal

Buchstabenrallye 19

So geht es:

- Suche den Buchstaben s/S.
- Wie oft findest du ihn?

SINGENDEschlangenSINGEN
SINGENSINGENDE
SCHLANGEN

6 mal

Buchstabenrallye 20

So geht es:

- Suche den Buchstaben t/T.
- Wie oft findest du ihn?

TATÜTATA
tatitata
TATOTATA

12 mal

Name: ______________________________ Datum: ______________

Buchstabenrallye 21

So geht es:

- Suche den Buchstaben u / U.
- Wie oft findest du ihn?

UlliUlmUlliUlm
ulmulmulli
ULIULLIULMULMULLI

12 mal

Buchstabenrallye 22

So geht es:

- Suche den Buchstaben v / V.
- Wie oft findest du ihn?

VVVvvvVVVvvvVVvVv
VvVvVvvvvvvvvVVV

34 mal

Buchstabenrallye 23

So geht es:

- Suche den Buchstaben w / W.
- Wie oft findest du ihn?

WienerWaschweiber
Waschenweißewäsche

6 mal

Buchstabenrallye 24

So geht es:

- Suche den Buchstaben x / X.
- Wie oft findest du ihn?

XAVERxaverXAVER
Xaverxaverxaver
XAVERXAVERXAVER

9 mal

Buchstabenrallye 25

So geht es:

- Suche den Buchstaben y / Y.
- Wie oft findest du ihn?

YYYyyyYYYyYyYyYYY
yyyyYYYyyYYyYyYyY

34 mal

Buchstabenrallye 26

So geht es:

- Suche den Buchstaben z / Z.
- Wie oft findest du ihn?

zehnZÄHNEhabenZAHNWEH
zahnwehhabenzehnzähne
HABENZEHNZÄHNEZAHNWEH

9 mal

Name: ______________________ Datum: ______________

Buchstabenrallye 27

So geht es:
- Suche den Buchstaben ei / EI.
- Wie oft findest du ihn?

Eijeijei
jeijeiei
EIJEIJEI

9 mal

Buchstabenrallye 28

So geht es:
- Suche den Buchstaben au / AU.
- Wie oft findest du ihn?

AUTOautoAUTOauto
Autoautoautoauto
AUTOAUTOAUTOAUTO

12 mal

Buchstabenrallye 29

So geht es:
- Suche den Buchstaben ö / Ö.
- Wie oft findest du ihn?

Ödödö
Ödidö
ÖdadÖ
ödÖdö

10 mal

Buchstabenrallye 30

So geht es:
- Suche den Buchstaben ä / Ä.
- Wie oft findest du ihn?

Älalätsch
älalutsch
älälälä

7 mal

Buchstabenrallye 31

So geht es:
- Suche den Buchstaben ü / Ü.
- Wie oft findest du ihn?

ÜLIülaÜLE
ülaüliüle
ÜLEÜLIÜLA

9 mal

Name: ______________________________ Datum: ______________

2. Parallele Reizverarbeitung

Spiegelbild

So geht es:

- Suche dir zwei Partner.
- Einer ist das Spiegelbild und macht alle Bewegungen des Partners nach. Das dritte Kind stellt dem Spiegelbild-Kind Fragen, die es beantworten muss.
- Tauscht die Rollen, nachdem alle Fragen beantwortet sind.

Fragenkatalog:

1. Wie alt bist du?
2. Was ist deine Lieblingsfarbe?
3. Wo warst du letztes Jahr im Urlaub?
4. Was ist dein Lieblingssport?
5. Wie heißt du mit Nachnamen?
6. Wann hast du Geburtstag?
7. Was ist deine Leibspeise?

Alles auf einmal

○ ○ ○ ○ ○ ○ ○ ○ ○ ○ ○ ○

Suchbild

9 Fehler

Name: ______________________ Datum: ____________

Obstsalat

Name: ______________________ Datum: __________

Rechenjagd

3 + 4 = ____
2 + 3 = ____
8 + 2 = ____
9 − 3 = ____
4 − 1 = ____
5 − 3 = ____
8 + 1 = ____
2 + 4 = ____
3 + 3 = ____
6 + 2 = ____
10 − 3 = ____
8 − 1 = ____
6 − 3 = ____
9 + 1 = ____

7 3 7 9 2 6 6 6 3 5 10 10 8 7

4 · 5 = ____
7 · 3 = ____
2 · 8 = ____
4 · 2 = ____
8 · 2 = ____
6 · 7 = ____
5 · 3 = ____
6 · 2 = ____
4 · 4 = ____
9 · 10 = ____

Ergebnisse
für Malaufgaben

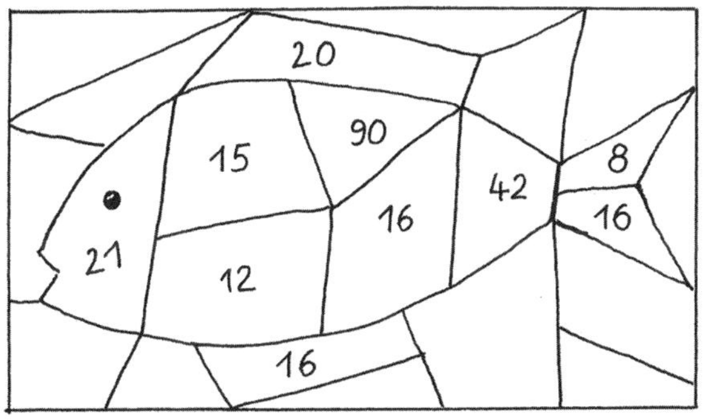

Mehr oder Weniger? < oder >?

+ + + + + + + + +	◯	* * * * * * * * * *	* * * * * * * * * * * * * * * * *	◯	+ + + + + + + + + + +
+ + + + + + + + + + +	◯	* * * * * * * * * *	+ + + + +	◯	* * * * * * * * *
* * * * * * * * * *	◯	+ + + + + + + + +	+ + + + + +	◯	* * * * * * * * *

Wie oft wurde geklatscht? __________

Name: ______________________ Datum: ____________

3. Selektive Aufmerksamkeit

Genau gleich

So geht es:
Finde jeweils in jeder Reihe zwei gleiche Bildpaare und markiere sie mit x und o.

  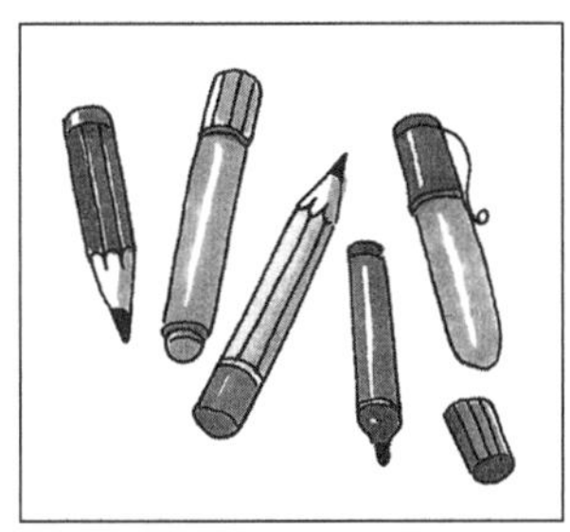 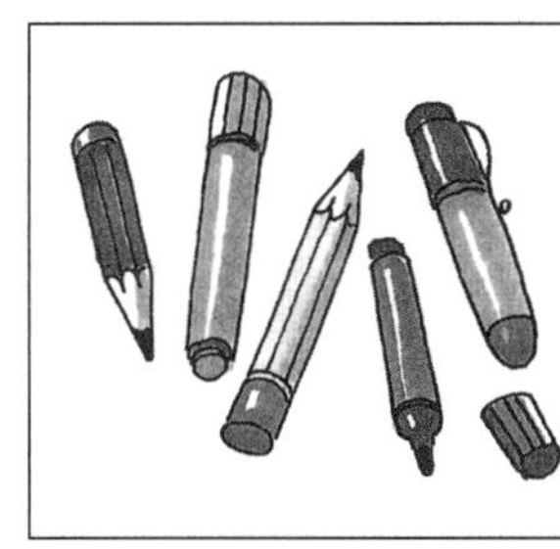

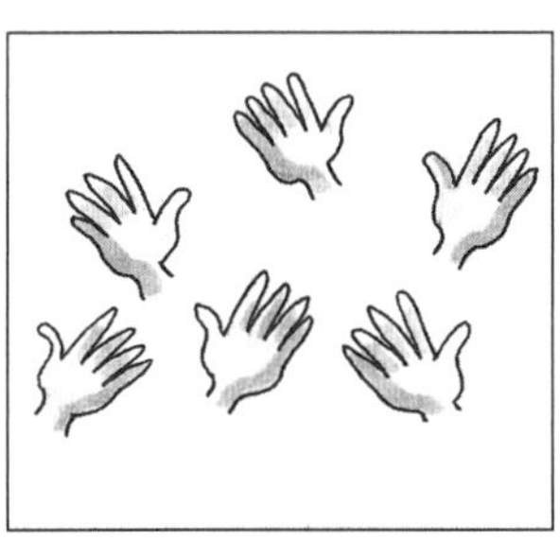  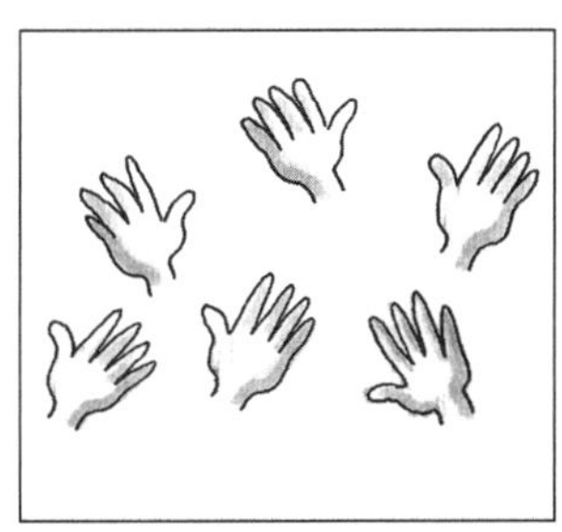 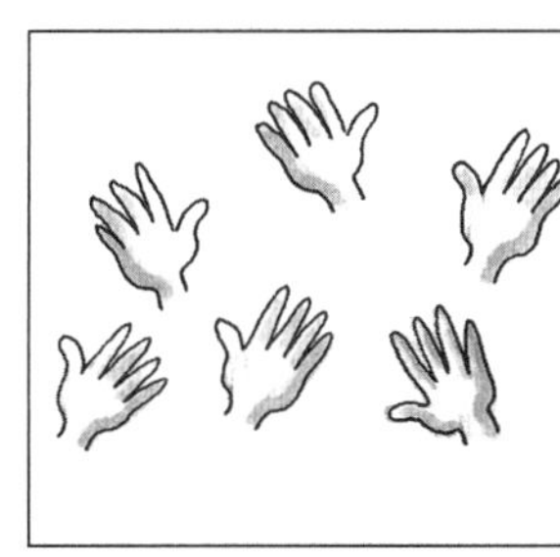

Name: ______________________________ Datum: ______________

Symbole

Name: ______________________________ Datum: ______________

4. Umschaltefähigkeit

Vor + Zurück

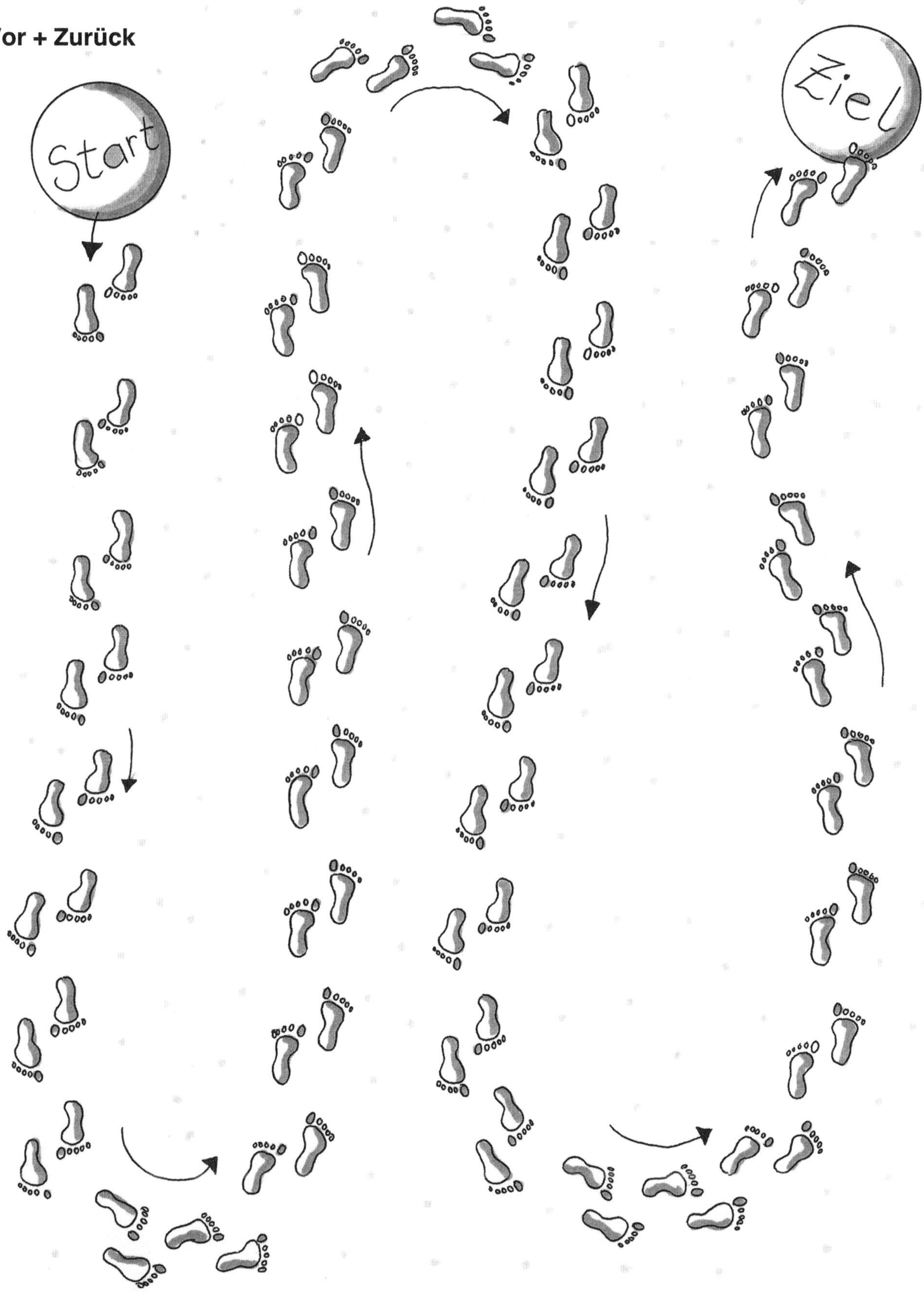

Name: ______________________________ Datum: ______________

Verkehrte Welt

Richtig

Falsch

Falsch

Richtig

Richtig

Falsch

Falsch

Name: ______________________________ Datum: ______________

5. Arbeitstempo

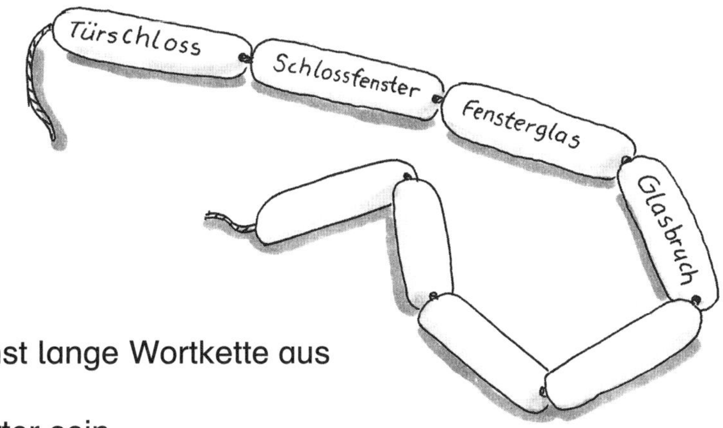

Wortkette

Das brauchst du:
- Block, Stift, Stoppuhr

So geht es:
- Stellt die Stoppuhr ein.
- Findet in drei Minuten eine möglichst lange Wortkette aus zusammengesetzten Wörtern.
- Achtung: Es müssen sinnvolle Wörter sein.
- Wie viele Wörter findet ihr in der vorgegebenen Zeit?
- Ihr könnt das Spiel wiederholen.

Augendetektive

Das brauchst du:
- Arbeitsblatt, Buntstift oder Textmarker

So geht es:
- Bearbeitet jeweils das Arbeitsblatt.
- Wer fertig ist, ruft laut „Stopp“.
- Vergleicht eure Ergebnisse.
- Wer hat mehr geschafft?
- Ihr könnt die Übung auch mehrmals durchführen

Suche im Buchstabensalat das Wort HUND und markiere es.

**FHWJEHFIWEHUNDZFIWLEHFLKSDHFLSKDHFSKNCÖQOIUEPOHUNDQURQIWD
JHÖlÖALSQÜOEÜLXMXHCIZQÜPWHUNDNSJWZUGCAKSFJLÖKFKLCLWKDQIQJ
OUIOHCSKHUNDHHIEUFWEJÖLKÜPEIÄLHUNDÄAQWERTZUIOLKJHGFHUNDDS
XDFGHJOPOESDFGHJÖÄIUZTREDFGHJKLÖÄOIUZTREWQASDGHJKLHUNDÖLK
JHGFDSAQWERTZUIOPÖLKJHGFDCVBNMOIUZTREDFGHJKLÖLKJHGFCVBNMH
UNDMNHUNDBVDRTZUIOPUZTRFGHJKJNHBGVCVGHJKKHUNDLKJHGFDSDFG
HIUZTREFGHJ**

Suche im Buchstabensalat das Wort ROSE und markiere es.

**KUZTREDFGHJKROSELLKROSEJHGFDCVBNMNBVCSDFGHJKLOIUZTRERTZUI
OPÜÖLKJHGFDFGHJKLÖÄÖLKJHGFDSAYXCVBNMNBROSEVCXYASDFGHJKLÖ
POIUZTREDSFGHJKLÖLKJHGFDCVBNMPOIUZTREWSDFGHJKLÖÄÖLKJHGFDS
AYXCVBNMNBVCXYROSEXCVBNMNDSDFGHJKLKHGFERTZUIOPOIUZTREWDR
OSEFGHJKJHGFCVBNBVCDFGHJKLIUZTRFGHJKJHGFVMNBVCDGHJKIUZTRFG
HJKMNBROSEVCFDFGHJROSEKUZTRDFGHJKJHGFCVBNVCDROSETZHUJKIUZ
TRFROSEDFGHJKMNBGFDTZUIOIUZTFDFGHJMROSENBVCDFGHJKIUZ**

Name: ______________________________ Datum: ______________

Wörterpuzzle

Das brauchst du:
Arbeitsblatt

So geht es:

- Verbindet die Wörter, die zusammengehören.
- Wer fertig ist, ruft laut „Stopp“.
- Vergleicht eure Ergebnisse.
- Wer hat mehr geschafft?
- Ihr könnt die Übung auch öfter durchführen.

Tipp: Ihr könnt eure Zeit mit der Stoppuhr messen.

Weihnachts	Stift
Keks	Schüssel
Kaffee	Mäppchen
Heft	Tür
Tinten	Hörer
Brillen	Rahmen
Räuber	Teller
Radier	Fleck
Piraten	Reif
Blei	Umschlag
Telefon	Zimmer
Feder	Glas
Kuchen	Höhle
Suppen	Tisch
Schlaf	Schiff
Radio	Tasse
Foto	Baum
Haus	Dose
Schreib	Wecker
Haar	Gummi

Name: ______________________________ Datum: ______________

6. Sorgfalt

Gemüsemix
Das brauchst du:
- Buntstifte, Arbeitsblatt

So geht es:
- Male das Gemüse in der richtigen Farbe sorgfältig an.

Gesichter
Das brauchst du:
- Bleistift

So geht es:
- Vervollständige die Gesichter

D) Kinder mit Konzentrationsproblemen unterrichten

Maßnahmenkatalog

Förderbereich	**Material / Übungen**
Arbeitsplatz / Material / Schultasche	Arbeitsplatz evtl. mit Klebeband genau einteilen (s. Zeichnung S. 55) • Platz für Federmäppchen • Platz für Heft • Platz für Buch Hefte und Mappen in unterschiedlichen Farben • Deutsch: roter Einband • Mathematik: blauer Einband Sitzordnung entsprechend planen • ablenkungsfreie Plätze: fern von Fenster oder Tür • Blick auf ablenkungsfreie Wand • Umfeld der Mitschüler beachten
Hausaufgaben	Hausaufgabenheftführung besprechen • Einmerkhilfe • Kennzeichnung der Fächer durch Farbe Hausaufgabe anschreiben • fester Platz an der Tafel • eigene Hausaufgabentafel • verschiedene Farben für einzelne Fächer verwenden Kontrolle durch Lehrer / Partner • Abzeichnen • Gegenzeichnung durch Eltern
Heftführung	Struktur bei Einträgen • Lehrer als Modell • einheitliches Raster für Hefteinträge passende Schreibgeräte • radierbarer Füller • Bleistift bei Übungsaufgaben • Schreibhilfen Lineatur farblich hinterlegt • Lineatur 1 und 2 mit farblichemHintergrund zur besseren Zeileneinhaltung

Daueraufmerksamkeit/ Zeiteinteilung	Eieruhr • bei Übungen • bei Hausaufgaben Übungen in einem bestimmten zeitlichen Umfang • überschaubar Hausaufgaben in Portionen einteilen • nach Fächern • nach Schwierigkeitsgrad • Pausen falls notwendig einplanen • zeitliche Begrenzung angeben, damit kein Trödeln entsteht Hausaufgabenprotokoll • zur Visualisierung für die Kinder • Verlaufsdarstellung Tagesplan • klare Struktur • nachvollziehbar
Konzentration bei Proben	• farbige Blätter bei Übungen oder Proben, die den Reiz erhöhen und somit konzentriertes Vorgehen erleichtern • Spickschutz/Einzelsitzplatz • Ablenkung reduzieren angstfreie Atmosphäre • positive Formulierungen • Aufgaben abdecken • Schritt für Schritt bearbeiten • Aufgabenfülle vermeiden
Unterricht	Aktivierung der Schüler • Namen nennen • Hand auf Schulter Rituale • Musik bei Stillarbeit • Aufräummusik • Entspannungsrituale • Unterrichtsphasen strukturieren • Bewegungsübungen und Rhythmisierungsphasen einplanen
Regeleinhaltung	Verstärkerplan • gewünschtes Verhalten als Ziel Regelverstöße • Strafbox mit von den Schülern formulierten Strafen • Regelvertrag mit Klasse • Time-out-Karten • Nachdenkstuhl als Auszeit für störende Schüler • Ampelkarte: grün: Verhalten gut, gelb: Vorsicht, rot: Ändere dein Verhalten (s. Zeichnung S. 58) • Muggelsteine: Schüler erhält fünf Muggelsteine, bei unerwünschtem Verhalten nimmt Lehrerin einen Stein kommentarlos weg, am Ende des Tages wird Verhalten reflektiert • Feedbackkarte: Verhaltensziel wird formuliert, bei jeder Regelmissachtung hüpft Spielfigur ein Feld weiter, kommt die Figur am Ende der Karte an, erhält die Lehrkraft die Belohnung (z.B. Gummibärchen), kommt die Figur nicht an, so erhält der Schüler die Belohnung (s. Zeichnung S. 58)

Konfliktverhalten	Integration in Klassengemeinschaft • Interaktionsspiele • soziales Lernen Klassenrat • einmal wöchentlich als Diskussionsforum Helferaufgaben und Klassendienste • zur Stärkung des Selbstvertrauens
Positive Verstärkung	Verbal: • Zuwendung und Aufmerksamkeit • Ausdrückliches Loben Belohnen mit Verstärkerplänen: • gewünschtes Verhalten wird eingeübt • hohe Motivation wird aufgebaut • wenn andere soziale Verstärker nicht greifen • zu trainierende Verhaltensweise: • muss sinnvoll sein • jeden Tag mehrfach auftreten • klar, präzise und positiv formuliert werden: z.B. Ich bleibe auf meinem Platz sitzen
Time Out	Vier Stufen: 1. 2. 3. Signal → Auszeit, 4. Signal → Kind darf an der jeweiligen Unterrichtsstunde nicht mehr teilnehmen Geeignete Orte: Nachbarklasse, Garderobe, sozialer Trainingsraum, Nachdenk-Stuhl Wichtig: Vorgehen mit Eltern besprechen; besonders, wenn sich das Kind weigert

Material: Arbeitsplatzeinteilung

Name: ______________________ Datum: ______________

Hausaufgabenprotokoll

Woche von: __________ bis: ______________

Tag	Montag	Dienstag	Mittwoch	Donnerstag	Freitag
geschätzte Zeit					
gebrauchte Zeit					

______________________ ______________________ ______________________

Unterschrift Schüler Unterschrift Eltern Unterschrift Lehrer

Name: ______________________ Datum: ______________

Tagesplan

Name: ______________________

Wann?	Was?	Wie lange?	Geschafft?
Vormittag			
Nachmittag			
Abend			

Feedback-Karte

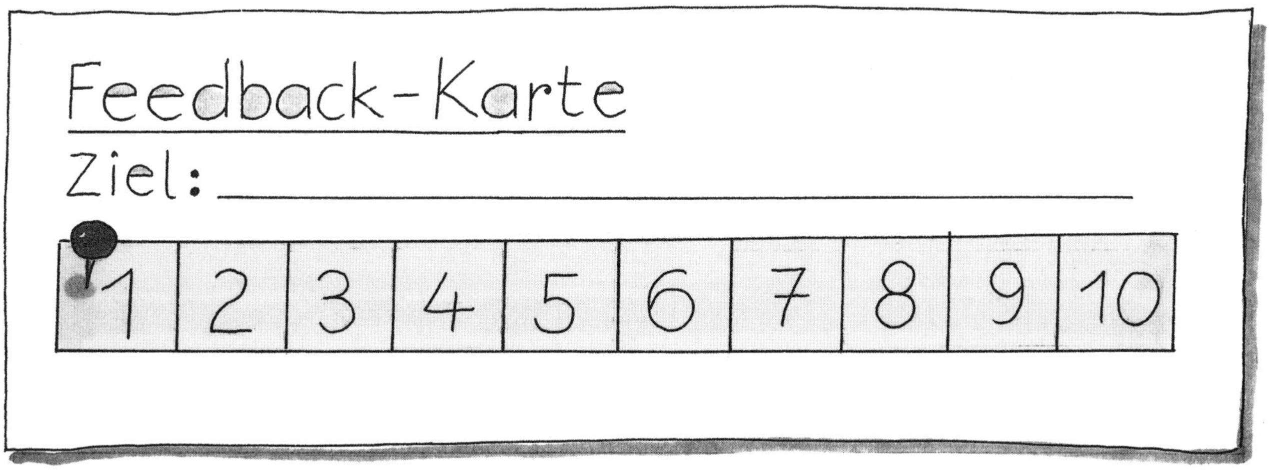

Unterrichtsphasen strukturieren

Ampelkarte

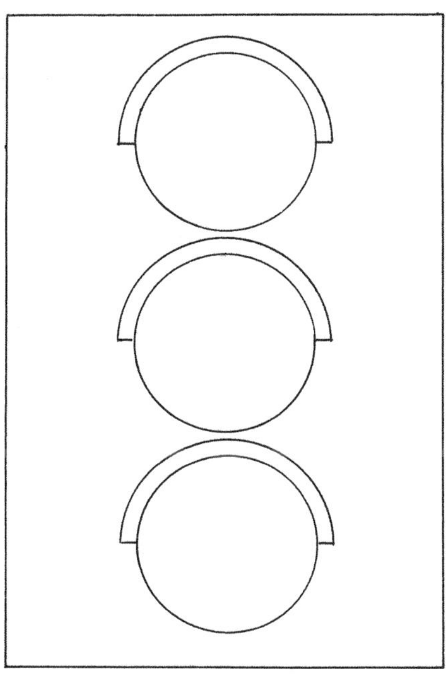

E) Tipps und Anregungen für Eltern

Förderung der Konzentration zuhause:

1. Leitfaden für einen gleichmäßigenTagesplan:

- aufstehen, waschen, anziehen, frühstücken
- Schulweg planen
- Schule, anschließendes Mittagessen
- Nachmittag strukturieren (täglich): Zeit für Schule und Verpflichtungen, Zeit für Freizeit
- Planung des nächsten Schultages: Schultasche packen usw.
- Ritual zum Tagesabschluss: Kuscheln, Vorlesen, Geschichten erzählen ...

Allgemeines für die Woche:

- zeitliches Eingrenzen von Fernsehen und Computer
- Spiele / Mitgliedschaft in Vereinen (besonders wichtig: Durchhalten!)
- Ferientage / Wochenende: grob strukturieren
- gemeinsame Mahlzeit(en) und Zusammensein: Besprechung gemeinsamer Anliegen (altersgemäße Mitsprachemöglichkeiten für die Kinder)

2. Ziele mit den Kindern erarbeiten:

- Kinder können und sollen altersgemäß angemessene Verantwortung übernehmen (z.B. Tisch decken, Getränke holen ...)
- Ordnung im eigenen Zimmer halten
- Vorschläge für sinnvolle Freizeitgestaltung

3. Loben:

- Das Loben ist der Schlüssel zur Veränderung des Verhaltens. Durch positive Reaktion ihrerseits verstärken Sie das gewünschte Verhalten. Deshalb loben Sie auch kleine Erfolge.

4. Spiel im Familienkreis mit Freunden oder in Gruppen:

- Memo-, Lege-, Geduld- und Ratespiele
- Mitgliedschaft in Vereinen (besonders Mannschaftssportarten)
- Musikinstrument erlernen

Oldenbourg Kopiervorlagen 165

Bibliografische Information der Deutschen Nationalbibliothek:
Die Deutsche Nationalbibliothek verzeichnet diese Publikation in der Deutschen Nationalbibliografie; detaillierte bibliografische Daten sind im Internet über <http://dnb.d-nb.de> abrufbar.

Das Papier ist aus chlorfrei gebleichtem Zellstoff hergestellt, ist säurefrei und recyclingfähig.

1. Auflage 2011
Druck 15 14 13 12 11
Die letzte Zahl bezeichnet das Jahr des Drucks.

Umschlagkonzept: Mendell & Oberer, München
Umschlaggestaltung und -illustration: Lutz Siebert-Wendt, München
Lektorat:Margaretha Pawlischek-Brokmeier, München
Herstellung: Jakob Buxeder
Illustrationen: Kristina Klotz, München
Satz und Reproduktion: artesmedia GmbH, Grasbrunn
Druck und Bindung: MB-Verlagsdruck, Schrobenhausen

ISBN 978-3-637-01515-9